Rose Marie Donhauser

Köstliche Brotaufstriche

Südwest

Inhalt

Pikant bestrichenes Baguette mit Café de Paris als kleine Vorspeise

Köstliche Brotaufstriche aus aller Herren Länder – z. B. Auberginencreme

Brathähnchen, Ananas und Curry sind Basis dieses exotischen Hähnchenaufstrichs

Klassiker aus Italien – Mozzarellabelag auf knusprigem Baguette

Soleier mit Mostrich als deftige Brotzeit

Gaumenfreuden für jedermann

Mit dem richtigen Brotaufstrich können Sie nicht nur Ihren Gaumen verwöhnen, sondern auch zusätzlich etwas Gutes für Ihre Gesundheit tun – denn Sie bestimmen, was aufs Brot kommt!

Brot gehört seit Menschengedenken zu den Grundnahrungsmitteln. Jedoch wurde es im Laufe der Zeit fast langweilig, Brot solo – also »ohne etwas drauf« – zu essen. Und damit konnte die spannende Entwicklung des Brotaufstrichs ihren Anfang nehmen. Während zunächst nur die entsprechenden naturgegebenen Nahrungsmittel zur Verfügung standen, bleibt heute, vor allem durch die schier unbegrenzten Import- und Exportmöglichkeiten, nahezu kein Wunsch mehr offen. Ob würzige Pasten, sahnige Cremes, exotische Früchtekompositionen, ob cremig sanft oder grob gehackt und feurig – alles, was das Herz begehrt und die Phantasie erdenkt, kommt aufs Brot. Doch was uns heute als köstlicher Brotaufstrich bereits fertig angeboten wird, ist leider nicht immer das Gesündeste. Ein Blick auf die Liste der Inhaltsstoffe wirkt rasch ernüchternd. Umso empfehlenswerter ist es da, die lukullischen Gaumenkitzler selbst herzustellen – nach dem eigenen Geschmack und für die eigene Gesundheit.

Der älteste Aufstrich der Welt

Doch gehen wir zunächst einmal zurück zu den Anfängen des Aufstrichs. Der älteste Brotbelag der Welt dürfte vermutlich der Käse sein. Natürlich vergorene Milch – Sauermilchkäse – wurde in den Anfängen mit Brot gestippt, später zur besseren Handhabung aufs Brot gestrichen. Dieses Zufallsprodukt – stehen gelassene Milch, die einfach sauer wird und sich selbstständig macht – war ja noch recht einfach herzustellen. Der berühmteste Brotaufstrich der Welt hingegen, die Butter, setzte bereits ein gewisses Grundverständnis für das Trennen der Sahne von Milch voraus. Auf einem Mosaik aus der Zeit der Sumerer um 3000 v.Chr. sind kräftige Männer abgebildet, die mit einer Art von Stößeln in großen Fässern die Sahne zu Butter stampfen. Da die Sumerer auch um diese Zeit schon bekannte Bäcker und Brauer waren, darf man die erstmalige Kombination von Brot und Aufstrich wohl den Sumerern zuschreiben.

Wie der Aufstrich aufs Brot kam

Es müssen schon große Sprünge in der kulinarischen Historie gemacht werden, um die Entwicklung der Brotaufstriche, ausgehend von den Sumerern, aufzuzeichnen. Grundsätzlich kann man dem Aufstrich kein eindeutiges Geburtsland zuordnen. Vielmehr sind es Spekulationen und Beobachtungen, die eine gleichzeitige Entwicklung in den Küchen der Welt aufzeigen, deren Hauptnahrungsmittel Brot und deren wichtigstes Handwerkszeug im Küchenbereich der Mörser war.
Diese zwei Gegebenheiten waren die Grundvoraussetzung für die Verbindung von Brot und Aufstrich.
Die Hausfrau musste schon immer mit den vielfältigsten Gaben der Natur in der Küche fertig werden. Sollte man Kräuter büschelweise und Gemüse wie z. B. Chilischoten in sperrigen Größen essen oder diese doch besser im Mörser zerreiben? Es entstanden würzige und cremige Pasten und kraftvolle Weizenkombinationen, die mit einem dicken Brotkanten aufgetunkt wurden. Die Menschen folgten ihrem Geschmack und Gespür und vereinten das Brot als neutrales »Untendrunter« mit den schmierfähigen Ergebnissen aus dem Mörser als »Obendrauf«.
So wie wir heute jedoch kulinarisch verwöhnt werden, können wir uns fast nicht mehr vorstellen, wie schwierig es in früheren Zeiten gewesen sein muss, als so praktische Dinge wie Kühlschrank, Gefrierschrank, Küchenmixer und elektrischer Herd noch fehlten. Konservierung fand in der Form statt, dass Fleisch gepökelt oder geräuchert wurde, Käse in Kellern reifte und man Feldfrüchte, sofern sie nicht frisch gegessen wurden, trocknete. Die Hausfrau hatte alle Hände voll zu tun, Lebensmittel für die kargen Winterzeiten zu konservieren. Früchte gab es im Winter mit Zucker eingekocht, ausgelassenes Schmalz von Gänsen und Schweinen wurde mit den Grieben in Steinguttöpfen im Keller aufbewahrt, und Gemüse wurde sauer eingelegt oder eingekocht. Doch wie sollten diese »Konserven« für den Familientisch serviert werden? Also gab's Marmeladen- und Geleebrote zum Frühstück, Schmalzbrote zur Brotzeit oder für Zwischenmahlzeiten und eingekochte, zerkleinerte Gemüse zum Fleisch mit Brot oder aufs Brot.

Der Brotaufstrich entstand immer aus dem, was die Natur in den jeweiligen Regionen hervorbrachte. Seine Tradition lässt sich weit zurückverfolgen und führt in die entferntesten Länder.

Gewaltige Zeitsprünge

Viele der bekannten Brotaufstriche wurden und werden auch heute noch aus Butter, Käse, Kräutern und Gewürzen hergestellt. Schon in alten regionalen

Kochbüchern finden wir z. B. aus Österreich den Sacherkäse, den Avocadoaufstrich aus Mexiko, den »Obatztn« aus Bayern, einen Thunfischaufstrich aus Italien, Linsencreme aus Ägypten und Kaninchencreme aus Frankreich. Allen ist gemeinsam, dass sie aus einheimischen Nahrungsmitteln hergestellt wurden und daher landestypisch sind. Manchmal gibt es Anhaltspunkte dafür, wie alt ein Aufstrichrezept sein kann. Der französische Roquefort wurde z. B. bereits 1070 erwähnt, und 1791 soll die Bäuerin Marie Harel den ersten Camembert verkauft haben. Es ist naheliegend, daß etwa um diese Zeit auch ein Aufstrich aus diesen Produkten entstand.

Die Grundkonsistenz muss stimmen

Um einen streichfähigen Aufstrich herzustellen, braucht man unbedingt eine cremige Grundkonsistenz, die nur durch die Zugabe von Fetten oder Ölen erzielt werden kann. Diese »Schmiere« ist sowohl in Sahne, Käse, Wurst, Nüssen oder Fischen, aber auch in Gemüsen wie Oliven enthalten. Das Dazurühren von Geschmacksträgern hängt dann vom eigenen Gusto ab und kann eine sinnvolle Resteverwertung sein. Eine Ecke Camembert hier, ein Stückchen Räucherlachs da, schnell wird ein phantasievolles Gemisch fürs Brot kreiert. Im Gegensatz zu Gerichten wie Gulasch oder Irish Stew haben Aufstriche nie einen festen Platz in Kochbüchern gefunden. Es sind eben »nur« Lückenfüller, lukullische Gaumenkitzler zur Überbrückung des kleinen Hungers. Tsatsiki wird mit Fladenbrot als Vorspeise serviert, Liptauer als Zwischenmahlzeit und die toskanische Hühnerlebercreme auf Crostini zum Aperitif.

Als kleiner Happen für Zwischendurch oder als Appetizer, für eine einfache Brotzeit oder für liebe Gäste – der Brotaufstrich ist ein Allroundtalent.

Üppiger Speisezettel

Mit der zunehmenden Industrialisierung und Automatisierung wurde das Angebot der Lebensmittelsorten immer vielfältiger. Das Export- und Importgeschäft ermöglichte es, exotische Nahrungsmittel mit einheimischen Produkten zu variieren und zu kombinieren. Heutzutage ist es kein Problem, beim Griechen um die Ecke eine Kaviarpaste namens Taramósaláta, im Feinkostgeschäft eine Kaninchenleberpastete aus Frankreich oder beim Inder eine Kichererbsenpaste zu erstehen. Dazu noch die internationale Auswahl an Broten wie Pumpernickel, Ciabatta, Baguette, Sesamkringeln, Vollkornbroten oder amerikanischem Sandwichbrot – und das bestrichene Brot ist perfekt. Das multikulturelle Essensangebot hat der Küche neue Inspirationen gegeben.

Für jeden Geschmack

Die Angebote von fertigen Brotaufstrichen sind heutzutage enorm. Lebensmittel werden so präpariert und zubereitet, dass sie ohne Probleme geschmiert und gestrichen werden können. Fleisch, Wurst, Gemüse, Früchte, Gewürze, Fische, Meeresfrüchte, Getreide, Samen, Nüsse – alles ist im Angebot, egal ob einzeln nach Sorten oder entsprechend gemischt. Dazu gibt es alle Fettstufen, von light bis zur Doppelrahmstufe, von Schmelzkäsevarianten bis zu exotischen Nationalmischungen. Auch die Reformhäuser und Naturkostläden haben in Richtung Brotaufstriche richtig aufgeholt, nicht zuletzt wegen der steigenden Nachfrage von Vegetariern oder vor allem von Veganern. Für Letztere bleiben schließlich nur noch Nahrungsmittel aus dem pflanzlichen Bereich. Und genau solche Aufstriche – vegetarische Pasten – werden nun verstärkt angeboten.

Lieber selber herstellen

Bedenken Sie jedoch: Die Gesundheit kommt aus der eigenen Küche, von frischen Produkten, die ohne Zusatzstoffe zubereitet werden. Dazu haben Sie noch den Spaß am Selbermachen und die Gewissheit, dass nur das enthalten ist, was Sie selber verrührt haben.
Bei manchen Fertigprodukten weiß man das leider nicht immer genau; oft fehlen die Aufklärungen über Inhaltsstoffe. Machen Sie sich einmal die Arbeit und lesen Sie nicht nur vorne auf dem Etikett die angepriesenen Eigenschaften des Inhalts wie »natürlich«, »frisch« und »hausgemacht«, sondern auch die Rückseite mit der Aufzählung der Inhaltsstoffe. Es gibt mittlerweile über 20 000 gebräuchliche Zusatzstoffe und über 7 000 künstliche Aromen, die bei allen fertigen Lebensmitteln angewendet werden können. So genannte »naturidentische Aromen« sind reine Kunstprodukte, die uns Natur vorgaukeln – ganz abgesehen von Stabilisatoren, Geschmacksverstärkern, Verdickungsmitteln und teils auch Konservierungsstoffen. Das allein sollte der Hauptgrund für das Herstellen von eigenen Brotaufstrichen sein. Wählen Sie Ihre frischen Rohwaren aus und servieren Sie sich und Ihrer Familie einen gesunden Brotaufstrich.

Allergiker aufgepasst!

Eine sich bei uns immer weiter ausbreitende Krankheit ist die Allergie. Anders ausgedrückt, die Neigung eines Organismus, auf bestimmte

Den gesundheitlichen Wert Ihres Aufstrichs können Sie selbst bestimmen. Achten Sie beim Einkauf der Rohzutaten besonders auf Frische und Qualität.

Bedenken Sie: Das richtige Handwerkszeug erleichtert Ihnen die Arbeit enorm.

Reize nicht der Norm entsprechend zu reagieren. In der leichtesten Form sind sich die Menschen oft gar nicht bewusst, dass sie Allergiker sind und denken, dass andere Faktoren für ihre leichten Symptome verantwortlich sind. In der schwersten Form kann die allergische Reaktion unter Umständen einen tödlichen Ausgang haben. Grundsätzlich spielt bei allen Allergikern, ob z. B. Haut- oder Bronchialallergiker, die Ernährung eine gewichtige Rolle. Und wie bereits erwähnt, können in Fertigprodukten Stoffe enthalten sein, von denen wir gar nichts wissen und die uns möglicherweise schaden. Beispiel: Sie sind Fischallergiker und essen einen fertigen Brotaufstrich mit Hühnereiweiß. Es kann passieren, dass die Hühner mit Fischmehl gefüttert worden sind und durch den Verzehr des Aufstrichs bricht die Allergie aus. Also was tun? Kaufen Sie die Eier auf einem Bauernmarkt oder im Ökoladen, wo Sie eine Herkunftsgarantie haben und Rückfragen zur Fütterung stellen können und Sie Ihren Brotaufstrich selber zubereiten.

Je nach Verträglichkeit, Allergie und Wohlbefinden können Sie Ihre Brotaufstriche aus diesem Buch aussuchen. Speziell für Mütter sind die Anregungen und Alternativen zum süßen, industriell gefertigten Schokoaufstrich gedacht (Seite 90/91). Zudem finden sich in dieser Rezeptsammlung auch köstliche Aufstriche speziell für Neurodermitiker und Milchallergiker (Seite 92/93).

Gesundheit ist nicht immer billig

Frische Brotaufstriche selbst herzustellen ist in jedem Fall gesund und individuell. Doch je nach Wahl und Menge der Rohzutaten sind die selbst hergestellten Produkte teils teurer als Fertigerzeugnisse, deren Preis durch die Menge bestimmt wird. Allerdings wissen Sie dann genau, warum Ihr Aufstrich so teuer geworden ist.

Brotaufstriche für jede Tageszeit

Das Geschmacksempfinden vieler Menschen ist nicht zu jeder Tageszeit gleich. Am Morgen, wenn unsere Geschmacksnerven erst kurz wach sind, kann ein Chiliaufstrich wie ein Hammer wirken. So unterschiedlich die Menschen sind, so unterschiedlich ist allerdings auch ihr Geschmackssinn. Grundsätzlich sollte man mit Geschmacksträgern sanft beginnen und sie schließlich bis zum feurigen Finale steigern.

Utensilien für selbst hergestellte Aufstriche

Es gibt heutzutage keinen Haushalt mehr, der nicht in der Lage ist, in irgendeiner Form Lebensmittel »klein zu kriegen«. Daher die Empfehlung: Nehmen Sie das Handwerkszeug, das Ihnen am besten liegt. Sie haben die Auswahl zwischen Mörser, Mixstab, Küchenmaschine mit diversen Einsätzen, Multimaschine, scharfen Messern, Wiegemessern, handbetriebenen Hackern, Asienmessern, Küchenreiben, Thermomix, Eierschneidern – einfach alles, womit Sie glauben am besten zurecht zu kommen.

Unterschiedliche Hilfsgeräte bieten Ihnen zudem viele dekorative Anrichtemöglichkeiten. Mit einem Buntmesser, dessen Messerklinge wellig verläuft, sehen die Garniturzutaten gleich viel hübscher und ansprechender aus. Mit einem Sparschäler kann man von Käsestücken Hobelspäne schneiden. Mit einem Juliennereißer können Sie von Zitrusfrüchten ganz feine Schalenstreifen ziehen. Mit einem sehr scharfen Messer mit langer Klinge können Sie schließlich Orangen im Zick-Zack quer halbieren. Sehr feinen Brotaufstrich in einen Spritzsack füllen und mit den verschiedensten Tüllen entweder in Glasschalen, in Pralinépapier oder in Cookiespapier aufdressieren.

Sollten Sie den Brotaufstrich zum Teil schon auf Brote streichen, dann können Sie diese je nach Anlass mit verschiedenen Motiven ausstechen: Herzchen, Monde, Sterne, Bären, Kreise ... Mit einem Eierschneider bekommen Sie nicht nur schöne Eischeiben, sondern, wenn Sie diese nochmals quer einlegen, gleich kleine Würfel.

Zum Frühstück
milde Käsecremes, sanfte Quarkmischungen, süße Fruchtcremes, nur leicht gewürzte Getreidemischungen und Nussaufstriche

Für Zwischenmahlzeiten (oder für's Büro)
energiespendende Aufstriche mit viel Eiweiß, nicht zu kalorienträchtige und nicht mit Knoblauch oder Zwiebeln angemachte Aufstriche, Gemüseaufstriche, Kräuteraufstriche, Tofumischungen, Aufstriche mit Seitan (Weizeneiweiß), Gemüse- und Nussmischungen

Zum Mittagessen
pikantere und gewürzte Aufstriche wie Kartoffel-, Reis- und Linsenaufstriche, Champignonaufstriche, deftigere Käseaufstriche

Zum Abendessen
Erlaubt ist was schmeckt: Viel Knoblauch, Zwiebeln oder Limburger Käse, mehr kohlenhydrathaltige Aufstriche aus Weizen, Reis und Kartoffeln

Hier ein paar Vorschläge, welche Brotaufstriche zu welcher Tageszeit am besten passen. Letztendlich aber entscheidet Ihr persönlicher Geschmack.

Richten Sie Ihre selbst gemachte Paste hübsch an und sorgen Sie für ein paar dekorative Farbtupfer.

Das Auge isst mit

Da Ihre Zutaten für den Aufstrich nun grob zerrieben, klein gehackt, fein gerührt und gut gewürzt sind, taucht die Frage der Präsentation auf. Nichts kann den Appetit mehr anregen als ein entsprechender »Auftritt«. Dazu die besten Tipps:

Anrichten

Es sieht besonders hübsch und dekorativ aus, wenn Sie z. B. einen Paprikaaufstrich in einer halben Paprikaschote und einen Zucchiniaufstrich in einer längs halbierten und ausgehöhlten Zucchinihälfte anbieten. Der Gast wird dadurch geschmacklich vorbereitet, und es sieht frisch und farblich verlockend aus. Ansonsten eignen sich Glasschalen, Servierschalen, Portionstöpfchen, Steinguttöpfe, Eisschalen, tiefe Teller, Schüsseln, Terrinen, Suppentassen, Porzellanmuscheln und Pralinenformen.

Das »Untendrunter«

Oftmals sehen Aufstriche ein bisschen blass aus. Legen Sie animierende Farbtupfer als Rahmen oder als Unterlage: Radicchioblätter, Lollo Rosso, Römersalat, Spinatblätter, Paprikaschoten, Tomaten- oder Zucchinischeiben, Radieschen, Rote Beete, frische Kräuter und Champignons.

Garnieren

Die Hauptzutat eines Aufstrichs sollte sich in der Garnitur wiederfinden, z. B. Kichererbsenpaste mit Kichererbsen oder Gurkenmousse mit Salatgurke garnieren. Verwenden Sie bei Nussaufstrichen ganze oder halbe Nüsse. Des Weiteren können Sie mit folgenden Lebensmitteln sehr schöne farbliche Dekorationen erzielen: Rote und weiße Zwiebelstreifen, Sprossen wie Alfalfa, Rettich und Sojabohnen, Maiskölbchen, Cornichons, Paprikastreifen, gekochte Eier von Hühnern und Wachteln, Käse in Streifen, Sardellenfilets, schwarzer und roter Kaviar, Kresse, Salatstreifen, Zitronen- und Orangenscheiben, Kapern, Salzstangen, Tacochips, Röstzwiebeln, schwarze und grüne Oliven, Oliven mit Paprikafüllung, getrocknete und in Öl eingelegte Tomaten, Weintrauben.

Schnelle Garnituren

Es ist wenig Aufwand, und doch sieht es perfekt aus, wenn Sie mit Gewürzen garnieren. Über eine Käsecreme edelsüßes oder rosenscharfes Paprikapulver stäuben. Bei einem Aufstrich mit Curry gemahlenen Curry darüber stäuben. Bei einem Nussaufstrich mit gemahlenen Nüssen be-

stäuben. Wählen Sie aus Ihrem Gewürzschrank das passende »Obendrüber« aus.

Zahlreiche Möglichkeiten für den Aufstrich

Hier die besten Anregungen für selbst kreierte Brotaufstriche, denn manchmal finden sich im Kühlschrank noch Reste vom Sonntagsbraten, vom marinierten Gemüse vom Italiener, ein paar Käseecken vom Wochenende oder einfach nur vereinzelte Gemüsereste und Kräuter. Mit einer Grundbasis aus Quark, Schmalz, Butter, Créme fraîche oder Doppelrahmfrischkäse ist schnell ein ansprechender Aufstrich gezaubert.

Richtige Vorarbeit ist wichtig

Jedes zu kochende Gericht kann zum Stress ausarten, wenn die Voraussetzungen nicht stimmen. Diese sollten Sie in der Form schaffen, dass »die Arbeit vor der Arbeit« getan ist. Der letzte Check: Sind alle Zutaten da, ist alles vorbereitet? Erst dann kann es losgehen.

Irgendeine dieser Zutaten findet sich garantiert immer in Ihrem Kühlschrank und mit Quark, Sahne, Crème fraîche oder Frischkäse ist schnell ein Brotaufstrich gezaubert.

Fleisch
Am besten gebratenes, gegrilltes oder gekochtes Fleisch verwenden. Dieses nicht pürieren oder zermusen, sondern in feinen Würfeln oder Streifen unter den Brotaufstrich mischen. Es gibt ein paar Brotaufstriche mit rohem Fleisch, allerdings ist es gehacktes Rinderfilet oder Schweinemett.

Gemüse
Tomaten ohne Haut und Kerne, Zucchini entkernen, Oliven entsteinen und würfeln, Salatgurke schälen, entkernen und fein raspeln, Kohlrabi schälen, fein hacken und mit Zitrone beträufeln, Auberginen vorher braten oder grillen, Chili- und Paprikaschoten entkernen und würfeln.

Fische
Gekocht, gebraten oder gegrillt ohne Gräten und Haut fein würfeln, getrockneten Fisch (Stockfisch) erst einweichen, dann kochen und zerpflücken, Kaviar einfach untermengen, Thunfisch und Sardellen meist aus Dose und Glas, eingelegte Matjesfilets in dünne Streifen schneiden, geräucherten Fisch nach Wunsch in Streifen, Rauten oder Würfel schneiden, gebeizten Fisch enthäuten, entgräten und klein würfeln.

Meeresfrüchte
Mischung aus Meeresfrüchten (Tiefkühlware oder frisch) je nach Wunsch kleiner schneiden, gekochte Muscheln ganz lassen, gegarte Jakobsmuscheln kleiner schneiden, gekochte Scampis kleiner schneiden, gekochte Garnelen und Krabben möglichst ganz lassen, gekochten Hummer in Scheibchen schneiden.

Nüsse und Samen
Alle Sorten von Nüssen am besten fein oder grob hacken, Samen und Sprossen möglichst alle ganz lassen.

Früchte
Darauf achten, dass Birnen, Äpfel und Bananen wegen der schnellen Verfärbung erst kurz vor dem Servieren untergemischt werden. Weintrauben, Kirschen je nach Größe halbieren und auf alle Fälle entkernen, bei Mischungen mit anderen Lebensmitteln die Früchte nicht zermusen, Früchte nur in Gelees oder Marmeladen zermusen.

Gemischte Zutaten
Gekochte Kartoffeln fein würfeln oder reiben, gekochten Reis belassen, Tofu zerreiben, gekochte Hülsenfrüchte pürieren und einige für die Garnitur ganz lassen.

Brot-aufstriche von A–Z

Man unterschätzt ihn gern, den Brotaufstrich: nur in den wenigsten Kochbüchern wird ihm ein gebührender Platz eingeräumt. Zu Unrecht, wie wir meinen. Mit unserem beliebtesten Grundnahrungsmittel, dem Brot als »Untendrunter«, kann man eine ganze Palette von abwechslungsreichen Gerichten herstellen. Die Bandbreite reicht von einfachen und schnell zubereiteten Aufstrichen bis hin zu außergewöhnlichen und erlesenen Appetitanregern, die sogar Gourmetansprüchen Genüge leisten können. Aber überzeugen Sie sich doch einfach selbst ...

Aus der Türkei

Auberginencreme

Knoblauch ist ein fester Bestandteil der türkischen Küche. In Maßen verwendet kann er große Gaumenfreuden bereiten.

Für 4 Portionen

500 g Auberginen
3 Knoblauchzehen
Saft von 1 Zitrone
4 EL Olivenöl
50 g gemahlene Walnüsse
Salz
schwarzer Pfeffer

Garnitur:

8 Walnusshälften

Zubereitungszeit 60 Minuten
Ruhezeit 60 Minuten

1 Den Backofen auf 170 °C vorheizen. Auberginen waschen, mit einer Gabel mehrmals einstechen, auf ein Backblech legen und in den vorgeheizten Ofen schieben.

2 Die Auberginen etwa 45 Minuten im Ofen garen lassen, dabei mehrmals wenden.

3 Knoblauchzehen abziehen und fein hacken. Die Auberginen aus dem Ofen nehmen, die Haut abziehen und das Fruchtfleisch in grobe Würfel zerschneiden.

4 Knoblauch, Auberginenstücke, Zitronensaft, Olivenöl und die gemahlenen Walnüsse in den Küchenmixer geben und alle Zutaten zu einer cremigen Paste pürieren.

5 Die Auberginencreme mit Salz und Pfeffer nach Belieben würzen. In eine Schüssel füllen, mit einer Folie abdecken und 1 Stunde in den Kühlschrank stellen.

6 Kurz vor dem Servieren mit den Walnusshälften garnieren.

Pro Portion: 613/161 kJ/kcal
3 g Eiweiß • 13 g Fett
7 g Kohlenhydrate • 3 g Ballaststoffe • 0 mg Cholesterin

Auberginen haben einen leicht bitteren, pikanten Beigeschmack. Man schreibt ihnen Heilkraft zu bei Rheuma, Ischias und Nierenleiden.

Tipp der Köchin

Olivenfans können unter die Auberginencreme 50 g entkernte schwarze Olivenhälften mischen. Zusätzlich mit Zwiebelringen und Salat servieren. Dazu passt ein türkisches Fladenbrot mit schwarzem Kreuzkümmel hervorragend.

Knoblauch pur aus Spanien

Ali-oli compuesto

Für 4 Portionen
7 Knoblauchzehen, Salz
2 frische Eigelbe
1 TL Zitronensaft
1/4 l Olivenöl

15 Minuten

1 Knoblauchzehen abziehen, in den Mörser geben, eine Prise Salz zufügen und zu Brei zerdrücken. Den Knoblauchbrei mit den Eigelben und dem Zitronensaft in einer Schüssel verrühren.

2 Mit einem elektrischen Handrührgerät das Olivenöl möglichst tropfenweise einrühren. Die Sauce in Portionsschälchen füllen.

Pro Portion: 2617/626 kJ/kcal
2 g Eiweiß • 66 g Fett
0 g Kohlenhydrate • 0 g Ballaststoffe • 158 mg Cholesterin

Tipp der Köchin

Das original Ali-oli wird ohne Eigelb zubereitet. Dazu müssen Sie nur das Knoblauchmus kräftig mit Olivenöl aufschlagen – das ist alles.

Die Auberginencreme mit einem Hauch von südlicher Sonne schmeckt gut gekühlt am besten.

Ali-oli wird gerne zu Fisch oder Gegrilltem serviert. Knoblauchliebhaber essen diese Sauce gar löffelweise oder bestreichen ein großes Weißbrot damit. Ein trockener Sancerre oder Sauvignon Blanc ist der ideale Begleiter.

Dieser Brotaufstrich wird gerne mit kräftigem Bauernbrot, Walnussbrot oder Zwiebelbrot zu einem Schoppen Wein serviert. Und so wird´s noch etwas deftiger: Braten Sie Zwiebelstreifen in Butter an und geben Sie die Streifen über die Apfelcreme.

Pikant und leicht säuerlich

Apfelcreme mit Zwiebeln

Für 4 Portionen
1 große Zwiebel
50 g Mayonnaise
50 g saure Sahne
50 g Créme fraîche
1 großer, säuerlicher Apfel
Saft von 1/2 Zitrone
Salz
weißer Pfeffer
1 Prise gerebelter Majoran
Garnitur:
1 kleine Karotte

20 Minuten

1 Zwiebel abziehen und fein würfeln. Mayonnaise mit der sauren Sahne und der Créme fraîche zu einer geschmeidigen Creme rühren.

2 Apfel schälen, halbieren, entkernen und auf einer Küchenreibe fein raspeln. Zusammen mit dem Zitronensaft sowie den Zwiebelwürfeln in die Mayonnaisencreme rühren.

3 Die Apfelcreme mit Salz, Pfeffer und Majoran pikant abschmecken und in eine Servierschale füllen.

4 Die Karotte waschen, schälen, fein raspeln und über die Apfelcreme streuen.

Pro Portion: 669/160 kJ/kcal
2 g Eiweiß • 12 g Fett
9 g Kohlenhydrate • 3 g Ballaststoffe • 15 mg Cholesterin

schnell und preiswert

American Sandwichspread

Für 4 Portionen
5 EL Mayonnaise
1 EL Dijonsenf
(ersatzweise scharfer Senf)
1 TL Meerrettich
1 TL Zitronensaft
1 TL Worcestersauce

5 Minuten

Alle Zutaten in eine Schüssel geben und sorgfältig zu einer cremigen Paste verrühren.

Pro Portion: 527/126 kJ/kcal
1 g Eiweiß • 12 g Fett
2 g Kohlenhydrate • 0 g Ballaststoffe • 13 mg Cholesterin

Die Paste ist ein Grundrezept und kann nach Belieben gewürzt und variiert werden. Beispielsweise mit gehackten Kräutern, Zwiebel- und Knoblauchwürfeln, Tabasco, Paprika und ...

Südfranzösische Gaumenfreuden

Anchoviscreme

Für 4 Portionen

6 eingelegte Anchovisfilets (Sardellen im Röhrchen oder im Glas)
1 Schalotte
2 Knoblauchzehen
1/2 Bund frische gemischte Kräuter (Petersilie, Rosmarin, Thymian, Basilikum oder 1 TL getrocknete Kräuter der Provence)
100 ml Olivenöl
schwarzer Pfeffer

15 Minuten

1 Anchovisfilets unter kaltem Wasser waschen, mit Küchenpapier trockentupfen und klein hacken.

2 Schalotte und Knoblauchzehen abziehen und klein würfeln. Kräuter waschen, trockenschwenken und von den Stielen zupfen.

3 Die Zutaten mit dem Küchenmixer unter langsamem Zugießen von Olivenöl zu einer Creme verrühren. Mit Pfeffer abschmecken.

Pro Portion: 1430/342 kJ/kcal
6 g Eiweiß • 33 g Fett
2 g Kohlenhydrate • 0 g Ballaststoffe • 4 mg Cholesterin

Füllen Sie die Anchoviscreme in ein Steinguttöpfchen und reichen Sie frisches Baguette dazu. In Südfrankreich genießt man einen gut gekühlten trockenen Côte de Provence dazu.

Klassiker aus Italien

Bruschetta

Servieren Sie die Tomatenmischung und die gerösteten Weißbrote separat, dann kann sich jeder Gast seine Bruschetta selbst zurechtmachen. In Süditalien geht das Ganze übrigens schneller: Eine saftige Tomate wird halbiert und mit den Schnittstellen auf die geröstete Brotseite gerieben. Knoblauch und Olivenöl darüber – fertig.

Für 4 Portionen

300 g reife Eier- oder Strauchtomaten
5 Knoblauchzehen
6 EL Olivenöl
Salz, schwarzer Pfeffer
8 kleine Scheiben Weißbrot

15 Minuten

1 Den Backofen auf Grillstufe vorheizen. Tomaten waschen, kreuzweise einschneiden, mit heißem Waser überbrühen und häuten. Das Fruchtfleisch grob würfeln.

2 Knoblauchzehen abziehen, in Scheiben schneiden und mit 4 Esslöffeln Olivenöl verrühren. Die Tomaten locker unterheben. Mit Salz und Pfeffer würzen.

3 Die Weißbrotscheiben auf ein Backblech legen, mit dem restlichen Olivenöl beträufeln und im Backofen knusprig grillen.

4 Die Tomatenmischung auf den gegrillten Broten verteilen und sofort servieren.

Pro Portion: 1103/264 kJ/kcal
4 g Eiweiß • 16 g Fett
23 g Kohlenhydrate
3 g Ballaststoffe
1 mg Cholesterin

Frischer Knoblauch und Olivenöl von guter Qualität harmonieren bei den Bruschette perfekt mit dem Aroma sonnengereifter Tomaten.

Mediterrane Gelüste

Basilikumpaste mit zweierlei Käse

Für 4 Portionen

1 Bund frisches Basilikum
2 Knoblauchzehen
50 g Pinienkerne
25 g zimmerwarme Kräuterbutter
5–6 EL Olivenöl
50 g Parmesan
50 g Pecorino
4 Stück Crostini (geröstete Weißbrotscheiben)

15 Minuten

1 Basilikumblätter von den Stielen zupfen, waschen, trockentupfen und grob zerkleinern. Knoblauchzehen abziehen und klein schneiden.

2 Basilikum, Knoblauch, Pinienkerne und Kräuterbutter in den Küchenmixer geben. Olivenöl langsam zugießen und eine cremige Paste herstellen.

3 Zuletzt die beiden Käsesorten fein reiben, einstreuen und alle Zutaten pürieren. Die Paste auf den Weißbrotscheiben verteilen und sofort servieren.

Pro Portion:
1735/415 kJ/kcal
14 g Eiweiß
32 g Fett
14 g Kohlenhydrate
1 g Ballaststoffe
26 mg Cholesterin

Fleischlos glücklich

Buchweizenaufstrich

Der Buchweizen ist aus der Vollwertküche nicht mehr wegzudenken. Und das zu Recht: 100 g Buchweizen enthalten 9,8 g Eiweiß, 1,7 g Fett und 72,4 g Kohlenhydrate. Im Handel sind ganzer Buchweizen, Buchweizengrütze, Buchweizenflocken und Buchweizenmehl im Angebot.

Für 4 Portionen

1 große Zwiebel
2 Knoblauchzehen
1 große Karotte
1 Bund Schnittlauch
4 EL Sonnenblumenöl
150 g ganze Buchweizenkörner
300 ml Gemüsebrühe
Meersalz
schwarzer Pfeffer
1 Messerspitze rosenscharfes Paprikapulver
150 g Vollmilchjoghurt

40 Minuten

1 Zwiebel und Knoblauchzehen abziehen, die Karotte waschen und alles fein würfeln.

2 Schnittlauch waschen und in Röllchen schneiden.

3 In einem Topf das Sonnenblumenöl erhitzen. Unter ständigem Rühren die Zwiebel-, Knoblauch- und Karottenwürfel andünsten.

4 Buchweizenkörner einstreuen und einige Minuten anrösten. Das Ganze mit Gemüsebrühe aufgießen und etwa 10 Minuten bei schwacher Hitze kochen lassen.

5 Die Buchweizenmischung mit Meersalz, Pfeffer und Paprika abschmecken.

6 Den Topf beiseite stellen und die Buchweizenkörner etwa 20 Minuten quellen lassen.

7 Den Topfinhalt in eine Schüssel umfüllen und mit dem Schnittlauch und dem Joghurt locker verrühren. Mit Schnittlauchröllchen garnieren.

Pro Portion: 1208/289 kJ/kcal
6 g Eiweiß • 13 g Fett
34 g Kohlenhydrate • 4 g Ballaststoffe • 5 mg Cholesterin

Tipp der Köchin

Wenn Sie wenig Zeit zur Verfügung haben, nehmen Sie statt der Buchweizenkörner einfach Buchweizenflocken. Verrühren Sie die Buchweizenflocken (ohne Kochen) mit Knoblauch-, Zwiebel- und Karottenwürfeln und Joghurt. Mit Schnittlauchröllchen, Zitronensaft, Salz und Pfeffer abschmecken.

Würzig-aromatisch

Bärlauchcreme mit Spinat

Für 4 Portionen

- 50 g frischer Bärlauch (meist in Ökoläden oder auf Bauernmärkten erhältlich)
- 50 g frischer Spinat
- 1 Knoblauchzehe
- 1 EL Olivenöl
- 2 EL Sahne
- 200 g Doppelrahmfrischkäse (ersatzweise auch Magerstufe)
- Salz
- schwarzer Pfeffer

10 Minuten

1 Bärlauch und Spinat waschen, trockenschwenken und klein schneiden, dicke Blattrippen dabei entfernen. Knoblauchzehe abziehen und durch eine Presse in das Olivenöl drücken.

2 Doppelrahmfrischkäse mit Knoblauchöl sowie Sahne verrühren und Bärlauch und Spinat unterheben.

3 Die Creme mit Salz und Pfeffer abschmecken. Sofort servieren.

Pro Portion: 924/221 kJ/kcal
6 g Eiweiß • 20 g Fett
2 g Kohlenhydrate • 1 g Ballaststoffe • 57 mg Cholesterin

Bärlauch ist im Geschmack sehr intensiv, er erinnert an Zwiebel- und Knoblauchgewächse. Die Mischung mit dem milden Spinat ist ideal. Dazu passen Bruschetta (Seite 18), Ciabatta, Vollkornbrot oder Laugengebäck.

Italienische Köstlichkeit

Brot mit Hühnerleberpaste

Für 4 Portionen
200 g Hühnerlebern
1 kleine Zwiebel, 2 Knoblauchzehen
1/2 Stange Staudensellerie
4 EL Olivenöl
50 ml trockener Weißwein
Salz, schwarzer Pfeffer
4–6 geröstete Weißbrotscheiben
2 EL Mascarpone
Garnitur:
einige frische Basilikumblättchen

20 Minuten

1 Hühnerlebern gründlich waschen. Mit Küchenpapier trockentupfen und fein hacken.

2 Zwiebel und Knoblauchzehen abziehen und fein würfeln. Staudensellerie waschen und fein würfeln.

3 Olivenöl erhitzen, Zwiebel-, Knoblauch- und Selleriewürfel andünsten. Die Lebern hinzufügen und unter ständigem Rühren braten. Mit Weißwein begießen und mit Salz und Pfeffer würzen. Weiter dünsten, bis die Flüssigkeit aufgesogen ist.

4 Brote mit Mascarpone bestreichen und Pfanneninhalt darauf verteilen. Mit Basilikum garnieren.

Pro Portion: 1329/317 kJ/kcal
14 g Eiweiß • 19 g Fett
20 g Kohlenhydrate • 2 g Ballaststoffe • 290 mg Cholesterin

Tipp der Köchin

Häufen Sie die fertige Hühnerleberpaste auf einen Teller. In Italien wischt man dann die Pfanne mit Küchenpapier aus, erhitzt die Butter darin schäumend und brät die Weißbrotscheiben beidseitig knusprig an.

Als Vorspeise

Butter Café de Paris

Für 4 Portionen
2 eingelegte Sardellenfilets
1/2 Bund frische gemischte Kräuter
2 Knoblauchzehen
2 hart gekochte Eier
150 g zimmerwarme Butter
1 TL Dijonsenf
2 cl Weinbrand
2 EL dunkle Bratensauce
1 TL Zitronensaft
Salz, schwarzer Pfeffer

Zubereitungszeit 20 Minuten
Kühlzeit 120 Minuten

1 Sardellenfilets unter kaltem Wasser abspülen, abtupfen und klein hacken. Kräuter waschen und von den Stielen zupfen. Knoblauchzehen abziehen und fein würfeln. Eigelbe fein hacken.

2 Die Butter mit Senf, Weinbrand, Bratensauce und Zitronensaft cremig rühren.

3 Sardellen, Eigelbe, Kräuter und Knoblauch unter die Butter rühren. Mit Salz und Pfeffer abschmecken.

4 Die Butter in Schälchen füllen, abdecken und etwa 2 Stunden in den Kühlschrank stellen.

Pro Portion: 1613/385 kJ/kcal
4 g Eiweiß • 38 g Fett
1 g Kohlenhydrate • 0 g Ballaststoffe • 249 mg Cholesterin

»Heißes« Brotketchup

Burgeraufstrich

Für 4 Portionen
- 2 frische rote Chilischoten
- 1 Fleischtomate
- 1 Zwiebel
- 2 Zweige frisches Koriandergrün (ersatzweise Petersilie)
- 1 EL Olivenöl
- 1/4 TL Salz
- 1/2 TL weißer Essig
- 1–2 EL Wasser
- schwarzer Pfeffer (am besten frisch gemahlen)

15 Minuten

1 Chilischoten säubern und klein schneiden. Die Fleischtomate mit kochendem Wasser überbrühen, häuten und vierteln.

2 Zwiebel abziehen und klein schneiden. Koriandergrün waschen, trockenschwenken und von den Stielen zupfen.

3 Alle Zutaten der Reihenfolge nach in den Küchenmixer geben und fein pürieren.

Pro Portion: 225/54 kJ/kcal
1 g Eiweiß • 3 g Fett
5 g Kohlenhydrate • 3 g Ballaststoffe • 0 mg Cholesterin

Zur Butter Café de Paris schmeckt am besten frisches, knuspriges Baguette.

Wenn Sie für den Aufstrich zusätzlich 2 Esslöffel Tomatenmark und etwas mehr Olivenöl verwenden, wird er dicker und sämiger. Für die dünnere Variante mischen Sie etwas mehr Wasser bei.

Hummerfleisch ist auch in Dosen erhältlich. Es schmeckt jedoch wesentlich besser und frischer, wenn Sie lebenden Hummer kaufen. Laut Lebensmittelgesetz darf in Deutschland ein Hummer nur mit heißem Wasser getötet werden. Dazu einen großen Topf mit Wasser aufkochen und den Hummer Kopf voran eintauchen. Der Panzer verfärbt sich rot, und nach einer Minute können Sie den Hummer aus dem Wasser nehmen.

Extravagant

Curryschaum mit Hummerstückchen

Für 4 Portionen

- 1 Atlantikhummer (Tiefkühlware)
- 1 Knoblauchzehe, 20 g Butter
- 2 cl Wermut (Noilly Prat)
- 100 g saure Sahne
- 100 g geschlagene Sahne
- 2 EL Orangensaft
- Salz, schwarzer Pfeffer
- 1/4 TL gemahlener Curry
- 1 Prise gemahlener Kurkuma

20 Minuten

1 Den Hummer der Länge nach mit einem scharfen Messer spalten. Das Hummerfleisch herauslösen und in mundgerechte Würfel schneiden.

2 Knoblauchzehe fein hacken. Butter heiß schäumend erhitzen. Den Knoblauch und die Hummerstückchen dazugeben, etwa 2 Minuten braten und dabei mit Wermut beträufeln. Die Pfanne beiseite ziehen.

3 Die saure Sahne mit der geschlagenen Sahne und dem Orangensaft cremig verrühren. Mit Salz, Pfeffer, Curry und Kumin abschmecken und die Hummerstückchen unterheben.

Pro Portion: 1133/271 kJ/kcal
21 g Eiweiß • 17 g Fett
3 g Kohlenhydrate • 0 g Ballaststoffe • 299 mg Cholesterin

Wermut, Curry und Kurkuma harmonieren im Curryschaum mit Hummer perfekt mit dem Aroma des Meerestieres.

scharf und nussig

Cashewaufstrich

Für 4 Portionen

- 2 frische rote Chilischoten
- 250 g Tomaten
- 1/2 Bund Frühlingszwiebeln
- 5 Knoblauchzehen
- 1/2 Bund glatte Petersilie
- 1 TL gerebelter Majoran
- 2 EL Olivenöl
- Saft von 1/2 Zitrone
- Salz, schwarzer Pfeffer
- 100 g ungesalzene Cashewkerne

30 Minuten

1 Chilischoten waschen, entkernen und fein würfeln. Tomaten überbrühen, häuten, entkernen und das Fruchtfleisch würfeln.

2 Frühlingszwiebeln putzen und fein hacken. Knoblauchzehen zerdrücken. Petersilie waschen und von den Stielen zupfen.

3 Die Zutaten mit Majoran, Olivenöl und Zitronensaft in einer Schüssel locker vermengen und mit Salz und Pfeffer abschmecken.

4 Cashewkerne in ein Küchentuch wickeln und mit dem Fleischklopfer zerkleinern. Erst kurz vor dem Servieren unter den Aufstrich ziehen.

Pro Portion: 940/225 kJ/kcal
6 g Eiweiß • 16 g Fett
12 g Kohlenhydrate • 3 g Ballaststoffe • 0 mg Cholesterin

Pikanter Käsemix

Créme de fromage royal

Für 4 Portionen

1/2 Bund gemischte Kräuter
100 g Doppelrahmfrischkäse
50 g saure Sahne
1 frisches Eigelb
100 g sehr reifer Blauschimmelkäse
100 g fein gehobelter Greyerzer
Salz, schwarzer Pfeffer

🕓 **15 Minuten**

1 Kräuter waschen, von den Stielen zupfen und fein hacken.

2 In einer Schüssel den Frischkäse mit der Sahne und dem Eigelb cremig rühren.

3 Den Blauschimmelkäse zerkleinern und zermusen. Zusammen mit dem Greyerzer und den Kräutern unter die Sahnecreme ziehen. Mit Salz und Pfeffer würzen.

Pro Portion: 1488/355 kJ/kcal
18 g Eiweiß • 30 g Fett
3 g Kohlenhydrate
1 g Ballaststoffe
246 mg Cholesterin

Tipp der Köchin

Kaufen Sie den Pfeffer in ganzen Früchten und zerkleinern Sie diese dann erst bei Bedarf. So ist der Geschmack wesentlich intensiver.

Mit Tacochips dippen

Chili-Tomaten-Dip

Für 4 Portionen

50 g ungesalzene Erdnüsse
50 g Sesamsamen
4 Knoblauchzehen
1 Zwiebel
2 frische rote Chilischoten
1 Fleischtomate
1 EL Apfelessig
2 EL Pflanzenöl
4 EL Wasser
1 Messerspitze gemahlene Nelken
1/2 TL gemahlener Zimt
1/2 TL gerebelter Oregano
1/4 TL Salz, schwarzer Pfeffer

🕓 **30 Minuten**

1 Erdnüsse in ein Küchentuch wickeln und mit dem Fleischklopfer zerkleinern. Erdnüsse und Sesamsamen separat in zwei ungefetteten Pfannen bei mittlerer Hitze leicht rösten.

2 Knoblauchzehen und Zwiebel abziehen und grob zerschneiden. Chilischoten säubern, entkernen und klein schneiden.

3 Fleischtomate überbrühen, häuten und das Fruchtfleisch vierteln. Alle Zutaten in den Küchenmixer geben und grob oder fein pürieren.

Pro Portion: 932/223 kJ/kcal
7 g Eiweiß • 18 g Fett
7 g Kohlenhydrate • 5 g Ballaststoffe • 0 mg Cholesterin

Der Partyhit

Cocktailaufstrich mit Erdnüssen

Für 4 Portionen
50 g ungesalzene Erdnüsse
150 g Mayonnaise
1 EL Tomatenketchup
2 EL Orangensaft
2 cl Weinbrand
Salz, schwarzer Pfeffer
einige Tropfen Tabascosauce
einige Tropfen Worcestersauce
Garnitur:
gehackte Petersilie

25 Minuten

1 Erdnüsse in eine ungefettete, heiße Pfanne streuen und einige Minuten rösten. In ein Küchentuch wickeln und klein klopfen.

2 Mayonnaise mit Ketchup, Orangensaft und Weinbrand verrühren. Mit Salz, Pfeffer, Tabasco- und Worcestersauce abschmecken.

4 Erdnüsse unter die Mayonnaise rühren. In eine Servierschale füllen und mit Petersilie garnieren.

Pro Portion: 1238/296 kJ/kcal
4 g Eiweiß • 27 g Fett
5 g Kohlenhydrate • 1 g Ballaststoffe • 22 mg Cholesterin

Fruchtig und nussig präsentiert sich der köstliche Cocktailaufstrich mit Erdnüssen.

So wird der Aufstrich cremiger und luftiger: Heben Sie kurz vor dem Servieren 50 g geschlagene Sahne unter. Die Nüsse sind mit anderen Sorten wie Cashewkernen, Walnüssen oder Pinienkernen austauschbar.

scharfe sache

Eieraufstrich

Wer's nicht so scharf mag, der sollte Tabasco und die Chilischote weglassen und stattdessen viele frische Kräuter verwenden.

Für 4 Portionen

- 1 frische rote Chilischote
- 1 kleine Zwiebel
- 1 Essiggurke
- 4 hart gekochte Eier
- 50 g Mayonnaise
- 100 g saure Sahne
- 1 EL Tomatenketchup
- 2 cl Weinbrand
- Saft von 1/2 Zitrone
- Tabascosauce
- Salz
- schwarzer Pfeffer
- 1 Bund Schnittlauch

15 Minuten

1 Chilischote säubern, längs aufschneiden, entkernen und sehr fein würfeln. Zwiebel abziehen und fein würfeln.

2 Essiggurke in feine Streifen schneiden. Eier pellen und anschließend im Eierschneider einmal längs und einmal quer zu kleinen Würfeln durchdrücken.

3 Mayonnaise, saure Sahne, Tomatenketchup, Weinbrand und Zitronensaft zu einer homogenen Creme verrühren. Mit Tabasco, Salz und Pfeffer nach Belieben würzen.

4 Die vorbereiteten Eier-, Zwiebel- und Chiliwürfel sowie die Gurkenstreifen locker unter die Mayonnaisencreme mengen.

5 Schnittlauch waschen und in Röllchen schneiden. Den Eieraufstrich in eine Servierschüssel füllen und großzügig mit Schnittlauch bestreuen.

Pro Portion: 953/228 kJ/kcal
9 g Eiweiß • 16 g Fett
5 g Kohlenhydrate • 1 g Ballaststoffe • 256 mg Cholesterin

Tipp der Köchin

Der Eieraufstrich ist äußerst pikant. Er passt besonders gut zu dunklen, kräftigen Brotsorten wie Schwarzbrot, Vollkornbrot oder Pumpernickel.

Für dunkle Brote

Fleischsalat mit Kapern

Für 4 Portionen

200 g Fleischwurst (ersatzweise Fleischkäse)
1 große Essiggurke
1 kleiner Apfel
1 TL Zitronensaft
100 g Mayonnaise
1 TL Sahnemeerrettich
2–3 EL Essiggurkenwasser
2 EL eingelegte Kapern
Salz
schwarzer Pfeffer

15 Minuten

1 Fleischwurst und Essiggurke in feine Streifen schneiden. Den Apfel schälen, vierteln, entkernen und ebenfalls in feine Streifen schneiden. Mit Zitronensaft beträufeln.

2 Mayonnaise mit Sahnemeerrettich und Essiggurkenwasser verrühren. Fleischwurst-, Essiggurken- und Apfelstreifen sowie die Kapern locker darin vermengen. Den Fleischsalat mit Salz und Pfeffer abschmecken.

Pro Portion: 1263/302 kJ/kcal
7 g Eiweiß • 26 g Fett
7 g Kohlenhydrate • 1 g Ballaststoffe • 42 mg Cholesterin

Selbst die größten Fleischliebhaber werden beim scharfen Eieraufstrich das Fleisch nicht vermissen.

Kapern bestechen durch ihren würzigen und scharfen Geschmack, der sehr dominant sein kann. Daher sollten sie vorsichtig dosiert werden.

Deftiger Klassiker

Gänsefett mit Äpfeln und Zwiebeln

Früher wurden die Grieben peinlich genau vom Fett getrennt, das wahrscheinlich ausschließlich zum Braten verwendet wurde. Erst die »Kochwelle aus Frankreich« machte das Schweineschmalz mit Grieben wieder salonfähig.

Für 1 Steinguttopf

250 g Gänsefett
100 g Schweineschmalz (beides bekommen Sie bei Ihrem Metzger – meist auf Vorbestellung)
1 große Zwiebel
2 Äpfel

15 Minuten

1 Gänsefett und Schweineschmalz in einer Fettpfanne (breit und mit hohem Rand) langsam erhitzen.

2 In der Zwischenzeit die Zwiebel abziehen und fein würfeln.

3 Äpfel schälen, vierteln, entkernen und ebenfalls würfeln.

4 Zwiebel- und Apfelwürfel in das geschmolzene Fett geben und etwa 5 Minuten auf kleiner Stufe mitkochen.

5 Das flüssige Fett mit einem Schöpflöffel langsam in den Steinguttopf füllen.

6 In einem kalten Raum – Keller oder Speisekammer – erkalten lassen. Anschließend mit Pergamentpapier abdecken.

Diese deftige Kalorienbombe reichen Sie bevorzugt zu dunklen, kräftigen Brotsorten. Als Appetizer hat das Griebenschmalz inzwischen seinen Weg auch in viele Gourmettempel gefunden.

Pro Portion: 14462/3459 kJ/kcal
3 g Eiweiß • 349 g Fett
28 g Kohlenhydrate • 10 g Ballaststoffe • 340 mg Cholesterin

Tipp der Köchin

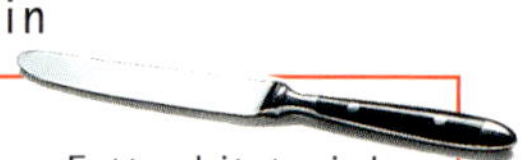

Sobald das »starre« Fett erhitzt wird, wird es flüssig und man spricht vom »Auslassen«. In Metzgereien bekommen Sie »ausgelassenes Fett« oder Schweinefett im Ganzen – auch grüner Speck genannt. Beim »Auslassen« des Fettes entstehen am Boden der Fettpfanne die beliebten Grieben.

Das Gänsefett, verfeinert mit fruchtigen Äpfeln und scharfen Zwiebeln, ist immer wieder begehrt.

marcel cotte
STAINLESS FRANCE

Tipp der Köchin

Bestreichen Sie italienische Weißbrotscheiben mit der Mascarponecreme und genießen Sie diesen Aufstrich solo oder mit Parmaschinken belegt.

Ein Hauch von Italien

Gewickelte Grissini mit Mascarpone

Für 4 Portionen
150 g Gorgonzola
100 g Mascarpone
1 TL eingelegte grüne Pfefferkörner
Salz
schwarzer Pfeffer
12 Stangen Grissini
12 hauchdünne Scheiben geräucherter Schinken (San Daniele, Parmaschinken)

15 Minuten

1 Gorgonzola mit einer Gabel zerdrücken und mit Mascarpone cremig rühren.

2 Pfefferkörner unterheben und nach Geschmack mit Salz und Pfeffer würzen.

3 Je 1 Grissino mit 1 Scheibe Schinken umwickeln und 3 Stück davon auf einen Vorspeisenteller legen.

4 Die Mascarponecreme in vier Portionstöpfchen füllen und dazu servieren.

Pro Portion: 1509/361 kJ/kcal
3 g Eiweiß
28 g Fett • 9 g Kohlenhydrate • 0 g Ballaststoffe
82 mg Cholesterin

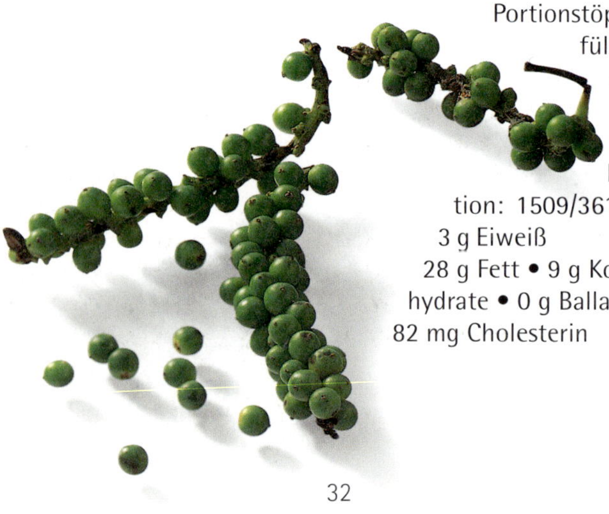

Mit Grissini dippen

Gefüllte Birnen mit Gorgonzolacreme

Für 4 Portionen
2 große, feste Birnen
1 EL Zitronensaft, 1/2 l Rotwein
1–2 EL Zucker
1 Gewürznelke, 1/2 Zimtstange
50 g fein gemahlene Walnüsse
100 g Sahne
150 g zimmerwarmer Gorgonzola
Salz, schwarzer Pfeffer

30 Minuten

1 Birne schälen, halbieren und entkernen. Mit Zitronensaft beträufeln. Rotwein mit Zucker, Gewürznelke und Zimt aufkochen. Die Birnenhälften einlegen und bei schwacher Hitze 5–8 Minuten garen.

2 Die gemahlenen Nüsse in einer heißen, ungefetteten Pfanne leicht rösten, auf einen Teller geben. Die Sahne halbsteif schlagen.

3 Birnenhälften abtropfen lassen. Gorgonzola zermusen und mit der Sahne cremig rühren. Mit Salz und Pfeffer würzen.

4 Je 1 Birnenhälfte mit Käsecreme füllen. Mit den gerösteten Walnüssen garnieren.

Pro Portion: 2027/484 kcal
14 g Eiweiß • 27 g Fett
43 g Kohlenhydrate • 3 g Ballaststoffe • 56 mg Cholesterin

Erfrischend und köstlich

Gurkenbelag mit Dill

Für 4 Portionen
1 Salatgurke
Meersalz
1/2 Bund Dill
2 EL Walnussöl

Zubereitungszeit 20 Minuten
Ruhezeit 120 Minuten

1 Salatgurke schälen, der Länge nach durchschneiden und mit einem Teelöffel entkernen. Das Fruchtfleisch auf einer Küchenreibe sehr dünn raspeln.

2 Gurkenraspel in eine Schüssel geben, mit einer kräftigen Prise Salz bestreuen und 2 Stunden stehen lassen.

3 Dill waschen, von den Stielen zupfen und fein hacken.

4 Das Gurkenwasser abgiessen und die Gurkenrapsel ausdrücken. Dann mit Walnussöl und Dill vermengen. Mit Pfeffer abschmecken. Sofort servieren.

Pro Portion: 209/50 kJ/kcal
0 g Eiweiß • 5 g Fett
0 g Kohlenhydrate • 0 g Ballaststoffe • 0 mg Cholesterin

Wer träumt bei den knusprigen gewickelten Grissini mit cremiger Mascarpone-Gorgonzola-Creme nicht von Sonne und Süden?

Sandwichliebhaber werden diesen Gurkenbelag sicherlich öfters herstellen, denn es ist fast keine Arbeit – nur etwas Wartezeit.

Für Gäste geeignet

Grüner Mayonnaisen-aufstrich

Als Gewürz ist die Brunnenkresse der Kapuzinerkresse vorzuziehen, denn sie schmeckt weniger scharf und penetrant.

Für 6 Portionen

1 Kästchen Brunnenkresse
2 frische Eigelbe
1 EL scharfer Senf
Saft von 1/2 Zitrone
1/4 l Olivenöl
Meersalz
schwarzer Pfeffer
1 reife Avocado
50 g gerösteter Sesamsamen

20 Minuten

1 Kresse aus dem Kästchen schneiden und waschen.

2 In einer Schüssel Eigelbe, Senf und 1 Esslöffel Zitronensaft verrühren.

3 Mit einem elektrischen Handrührgerät das Olivenöl auf Höchststufe teelöffelweise so lange unter die Eigelbmasse rühren, bis eine homogene Creme entstanden ist.

4 Die Mayonnaise mit Meersalz und Pfeffer abschmecken.

5 Die Avocado schälen, vom Kern trennen und anschließend das Fruchtfleisch grob zerkleinern.

6 Das Avocadofruchtfleisch mit dem restlichen Zitronensaft in einer Schüssel zerdrücken. Mayonnaise, Kresse und die Hälfte des Sesamsamens darunter rühren.

7 Die grüne Mayonnaise in Portionsschälchen verteilen und mit dem restlichen Sesamsamen bestreuen. Sofort servieren.

Pro Portion: 2259 kJ/ 549 kcal
4 g Eiweiß • 56 g Fett
3 g Kohlenhydrate • 2 g Ballaststoffe • 105 mg Cholesterin

Tipp der Köchin

Stellen Sie die Mayonnaise nur mit frischen Eigelben – am besten vom Bauernmarkt – her. Wenn Sie lieber fertige Mayonnaise verwenden wollen, dann würzen Sie diese zusätzlich mit frisch gehackten Krautern, einem Schuss Weinbrand und etwas mehr Zitronensaft.

Aus der Toskana

Grüner Olivenaufstrich

Für 4 Portionen
400 g grüne Oliven
4 Knoblauchzehen
Saft von 1/2 Zitrone
2 EL Olivenöl
Thymian und Rosmarin (frische Zweige)
Salz, schwarzer Pfeffer

20 Minuten

1 Oliven entsteinen und grob zerschneiden. Knoblauchzehen abziehen und klein schneiden.

2 Oliven, Knoblauch, Zitronensaft und Olivenöl in den Küchenmixer geben und fein pürieren.

3 Die frischen Thymian- und Rosmarinzweige waschen, trockenschwenken, von den Stielen zupfen und fein hacken.

4 Die Olivencreme mit den Kräutern verrühren. Zum Schluss je nach Geschmack vorsichtig mit Salz und Pfeffer abschmecken.

Pro Portion: 807/193 kJ/kcal
2 g Eiweiß • 18 g Fett
4 g Kohlenhydrate • 4 g Ballaststoffe • 0 mg Cholesterin

Olivenaufstrich, ein ofenfrisches Baguette und eine Flasche Rotwein – das ist Savoir-vivre. Sie können den Aufstrich auch je zur Hälfte mit grünen und schwarzen Oliven herstellen.

Lässt sich gut vorbereiten

Gorgonzolacreme mit Pistazien

Für 5 Portionen
150 g Gorgonzola
50 g zimmerwarme Butter
100 g Frischkäse
100 g gehackte Pistazien
Salz
schwarzer Pfeffer
50 g weiße und blaue Weintrauben

Zubereitungszeit 10 Minuten
Kühlzeit 60 Minuten

1 Gorgonzola in einer Schüssel mit einer Gabel zerdrücken. Zusammen mit der Butter und dem Frischkäse cremig rühren.

2 Pistazien unter die Käsecreme rühren und je nach Geschmack mit Salz und Pfeffer würzen.

3 Weintrauben waschen, halbieren und eventuell entkernen.

4 Die Gorgonzolacreme in einen Steinguttopf füllen und mit den Weintrauben garnieren. Mit einer Folie abdecken und 1 Stunde in den Kühlschrank stellen.

Pro Portion: 1513/362 kJ/kcal
12 g Eiweiß • 31 g Fett
5 g Kohlenhydrate • 1 g Ballaststoffe • 62 mg Cholesterin

Tipp der Köchin

Für diese Käsecreme können Sie andere Schimmelkäse wie z. B. Roquefort, Cambozola, Castello blue oder Danablu genauso verwenden.

Vegetarischer Leckerbissen

Grünes Tomatenmus

Für 2 Einmachgläser (je 250 g)
500 g grüne Tomaten
1 große Zwiebel
2 Knoblauchzehen
1 frische rote Chilischote
1/2 TL Salz
100 g Zucker
1/8 l Weißweinessig
2–3 EL Gin

60 Minuten

1 Tomaten waschen und in kleine Stücke schneiden. Zwiebel und Knoblauchzehen abziehen und fein würfeln. Chilischote säubern, entkernen und fein würfeln.

2 Tomatenstücke, Chili-, Zwiebel- und Knoblauchwürfel in einen Topf geben und aufkochen lassen. Mit Salz würzen. Bei schwacher Hitze etwa 40 Minuten leicht kochen lassen, dabei immer wieder umrühren.

3 Das Tomatenmus durch ein Sieb passieren. Erneut erhitzen und dabei den Zucker und den Essig einrühren. Weitere 10 Minuten leicht kochen lassen. Mit Gin abschmecken und in die Gläser füllen. Dabei die Deckel mit Gin ausschwenken. Die Gläser gut verschließen.

Pro Portion: 1636/391 kJ/kcal
5 g Eiweiß • 0 g Fett
67 g Kohlenhydrate • 5 g Ballaststoffe • 0 mg Cholesterin

Spezialität aus Mexico

Guacamole

Für 4 Portionen
1 Fleischtomate
1 frische rote Chilischote
2 große, reife Avocados
Saft von 1/2 Zitrone
100 g saure Sahne
Salz, schwarzer Pfeffer

20 Minuten

1 Fleischtomate waschen, kreuzweise einschneiden, mit kochendem Wasser übergießen und häuten. Das Fruchtfleisch entkernen und in kleine Würfel schneiden. Die Chilischote säubern, längs aufschneiden, entkernen und fein würfeln.

2 Avocados schälen, vom Kern trennen und das Fruchtfleisch grob zerschneiden. Zusammen mit dem Zitronensaft und der sauren Sahne im Küchenmixer fein pürieren.

3 Chili- und Tomatenwürfel unter die Avocadocreme mischen. Mit Salz und Pfeffer abschmecken.

Pro Portion: 1183/283 kJ/kcal
4 g Eiweiß • 25 g Fett
8 g Kohlenhydrate • 3 g Ballaststoffe • 9 mg Cholesterin

Als Vorspeise oder kleinen Snack die Guacamole mit Nachos, mexikanischen Maismehl-Chips, servieren.

Veganer können die saure Sahne durch zwei Esslöffel Sonnenblumenöl ersetzen. Sie können das Öl weglassen, wenn die Avocados sehr reif sind und sich sehr cremig rühren lassen.

Majoran verleiht dem Hackepeter einen interessanten Beigeschmack. Darüber hinaus macht er das Gericht leichter verdaulich und länger haltbar.

Deftige Brotzeit

Hackepeter

Für 4 Portionen
600 g Schweinefleisch ohne Knochen (Nacken oder Schulter)
2 Knoblauchzehen
1 Zwiebel
1 TL Pflanzenöl
1 TL gerebelter Majoran
Salz
schwarzer Pfeffer
Garnitur:
1 Bund Schnittlauch

Zubereitungszeit 20 Minuten
Kühlzeit 120 Minuten

1 Schweinefleisch in kleine Würfel schneiden. Knoblauchzehen und Zwiebel abziehen und würfeln.

2 Das Schweinefleisch mit den Zwiebel- und Knoblauchwürfeln locker vermengen.

3 Die Mischung mit Pflanzenöl, Majoran, Salz und Pfeffer würzen. Mit einer Folie abdecken und etwa 2 Stunden ziehen lassen.

4 Die Fleischmischung durch die grobe Scheibe des Fleischwolfs drehen und auf einer Servierplatte anrichten.

5 Die Oberfläche des Hackepeters mit einem feuchten Löffelrücken glatt streichen und mit einem Messer Rauten einritzen.

6 Schnittlauch waschen, trockenschütteln, in Röllchen schneiden und reichlich über den Hackepeter streuen.

Pro Portion: 1434/343 kJ/kcal
29 g Eiweiß • 21 g Fett
3 g Kohlenhydrate • 1 g Ballaststoffe • 97 mg Cholesterin

Tipp der Köchin

Es gibt verschiedene Küchenmaschinen mit sehr scharfen Messern, die dieselbe Funktion wie ein Fleischwolf ausüben. Sie sollten nur aufpassen, dass das Fleisch nicht zu sehr püriert wird!

Das scharfe Aroma des Schnittlauchs passt ideal zum Hackepeter.

Spezialät aus dem Rheinland

Halwe Hahn

Für 4 kleine Portionen

2 Stück Mainzer Käse à 125 g (ersatzweise andere regionale Sauermilchkäse wie Olmützer Quargel, Limburger, Korbkäse, Harzerkäse)
2 längliche Roggenbrötchen
1 EL scharfer Senf
Kümmel und Zwiebelstreifen

10 Minuten

1 Mainzer Käse in dünne Scheiben schneiden.

2 Roggenbrötchen halbieren und jede Hälfte dick mit Senf bestreichen.

3 Die Brothälften mit dem Käse belegen. Mit Kümmel bestreuen und Zwiebelstreifen darauf legen.

Pro Portion: 970/232 kJ/kcal
17 g Eiweiß • 11 g Fett
12 g Kohlenhydrate • 1 g Ballaststoffe • 26 mg Cholesterin

Variante

Schneiden Sie den Sauermilchkäse in feine Würfel und machen Sie ihn mit Zwiebelwürfeln, Schnittlauchröllchen und Leinöl an. Auf die Brötchenhälften löffeln und genießen.

Der Hackepeter schmeckt am besten auf dunklem, herzhaftem Brot.

Das Leinöl wird aus Leinsamen gepresst und hat einen sehr starken Eigengeschmack. In Schlesien ist es eine beliebte Spezialität.

Türkische Spezialität

Hühnercreme mit Walnüssen

Wenn Sie einen Schuss Raki, den türkischen Anisschnaps, zugießen, bekommt die Hühnercreme eine pikante Note.

Für 4 Portionen

1 Hähnchen (etwa 1 kg)
Salz
1/2 Suppenbund
5 schwarze Pfefferkörner
4 Scheiben entrindetes Weißbrot
5 Knoblauchzehen
1/2 Bund glatte Petersilie
5 EL Olivenöl
100 g gemahlene Walnüsse

90 Minuten

1 Das Hähnchen unter fließendem kaltem Wasser gründlich waschen. In einen Topf setzen und mit so viel kaltem Wasser begießen, bis es ganz bedeckt ist. Salzen und zum Kochen bringen.

2 Den Suppenbund waschen, in grobe Stücke schneiden und zusammen mit den Pfefferkörnern in die kochende Hühnerbrühe geben. Das Hähnchen bei mittlerer Hitze etwa 40 Minuten ziehen lassen.

3 Das Weißbrot auf einer Küchenreibe reiben. Knoblauchzehen abziehen und fein würfeln.

4 Petersilie waschen, trockenschwenken, von den Stielen zupfen und fein hacken.

5 Das Hähnchen aus der Brühe nehmen, enthäuten, entbeinen und das Fleisch in sehr kleine Würfel schneiden.

6 In einer Schüssel das geriebene Weißbrot, Knoblauchwürfel, Olivenöl, Petersilie und die gemahlenen Walnüsse locker miteinander vermengen.

7 Die Hähnchenfleischwürfel untermengen und so viel Hühnerbrühe einrühren, bis eine cremige Paste entstanden ist. Mit Salz und Pfeffer abschmecken.

Pro Portion: 2078/497 kJ/kcal
31 g Eiweiß • 32 g Fett
14 g Kohlenhydrate • 2 g Ballaststoffe • 135 mg Cholesterin

Aus Walnüssen lässt sich auch ein köstliches und sehr wertvolles Öl herstellen.

Tipp der Köchin

Dieses Rezept lässt sich auch wesentlich schneller zubereiten: Enthäuten Sie ein fertiges Brathähnchen und würfeln Sie das Fleisch grob. Zusammen mit den oben genannten Zutaten in einen Küchenmixer geben und anstelle von Hühnerbrühe mehr Olivenöl hinzufügen.

Köstlich exotisch

Hähnchenaufstrich mit Ananas

Für 4 Portionen

1/2 gegrilltes Brathuhn
4 Scheiben Ananas mit 2 EL Saft (Glas oder Dose)
50 g Mayonnaise
100 g Vollmilchjoghurt
Salz, schwarzer Pfeffer
1/4 TL gemahlener Curry

Zubereitungszeit 10 Minuten
Kühlzeit 60 Minuten

1 Das Brathuhn häuten, entbeinen und das Fleisch in etwa 0,5 Zentimeter große Würfel schneiden.

2 Die Ananasscheiben in gleichmäßige kleine Ecken schneiden. Mayonnaise mit Joghurt und Ananassaft cremig rühren. Mit Salz, Pfeffer und Curry würzen.

3 Die Ananasstücke und die Hähnchenwürfel unterheben und nochmals abschmecken. Zugedeckt 1 Stunde in den Kühlschrank stellen.

Pro Portion: 1008/241 kJ/kcal
30 g Eiweiß • 9 g Fett
5 g Kohlenhydrate • 0 g Ballaststoffe • 85 mg Cholesterin

Hähnchen kombiniert mit Ananas und reichlich Curry erinnern an Karibik und exotische Genüsse.

Serviervorschlag:
4 Weißbrotscheiben toasten, diagonal in Dreiecke schneiden und mit dem Hähnchenaufstrich belegen. Mit gemahlenem Curry bestäuben und mit zusätzlichen Ananasecken oder Pfirsichspalten garnieren.

Zart und cremig

Joghurtkäse mit Brokkoli

Brokkoli ist das ideale Gemüse: Es beinhaltet einen hohen Anteil an Mineralien, hat wenig Kalorien und lässt sich gut mit anderen Lebensmitteln kombinieren.

Für 4 Portionen

300 g Brokkoli
Salz
1 Schalotte
1 Knoblauchzehe
50 g Doppelrahmfrischkäse
100 g Schafsjoghurt
schwarzer Pfeffer
1 TL Zitronensaft
1 Kästchen Kresse

20 Minuten

1 Die Brokkoliröschen abschneiden und waschen. In kochendes Salzwasser geben und 2 bis 3 Minuten bei schwacher Hitze kochen lassen.

2 Den Brokkoli abgießen, mit kaltem Wasser abschrecken und abtropfen lassen.

3 Schalotte und Knoblauchzehe abziehen und fein würfeln. Die zuvor blanchierten Brokkoliröschen mit einem Messer fein hacken.

4 Den Doppelrahmfrischkäse mit dem Joghurt cremig verrühren. Mit Salz, Pfeffer und Zitronensaft würzen und die Zwiebel- und Knoblauchwürfel sowie den gehackten Brokkoli unterheben. Eine homogene Creme herstellen.

5 Die Kresse aus dem Kästchen schneiden, waschen und trockenschütteln.

6 Den Joghurtkäse mit Brokkoli in eine Servierschale füllen und mit Kresse garnieren.

Pro Portion: 393/94 kJ/kcal
5 g Eiweiß • 5 g Fett
6 g Kohlenhydrate
3 g Ballaststoffe
16 mg Cholesterin

Tipp der Köchin

Wandeln Sie ab: Unter diese feine Joghurtcreme können Sie auch Gemüsemais, Zucchiniraspel und frisch gehackte Kräuter heben. Brotsorten wie Körnerbrot, Sauerteigbrote oder Pumpernickel passen besonders gut dazu.

Raffiniert

Kaviarcreme mit Oliven und Tomate

Für 4 Portionen

50 g grüne Oliven mit Paprikafüllung
1 Tomate
50 g Mayonnaise
50 g saure Sahne
1 TL Zitronensaft
50 g Kaviar (als Ersatz Seehasenrogen verwenden)

Garnitur:

1 TL gehackter Dill

20 Minuten

1 Oliven quer in Scheibchen schneiden. Die Tomate überbrühen, häuten, entkernen und das Fruchtfleisch fein würfeln.

2 Mayonnaise mit Sahne und Zitronensaft verrühren.

3 Olivenscheibchen, Tomatenwürfel und Kaviar locker unterheben.

4 Die Kaviarcreme in eine Sauciere füllen und mit Dill garnieren.

Pro Portion: 527/126 kJ/kcal
3 g Eiweiß • 11 g Fett
3 g Kohlenhydrate • 1 g Ballaststoffe • 44 mg Cholesterin

Innerhalb kurzer Zeit ist die Kaviarcreme zubereitet. Dann darf man nur noch genießen.

Serviervorschlag:
4 Weißbrotscheiben toasten, mit einem Ausstecher rund oder eckig ausstechen und mit Kaviarcreme bestreichen. Ein Glas Prosecco dazu – und die Vorspeise ist perfekt.

Zergeht auf der Zunge

Kartoffelcreme mit Oliven

Die Kartoffelcreme mit Oliven ist ein beliebtes Gericht aus der griechischen Küche. Retsina, der landestypische Wein, rundet die Mahlzeit perfekt ab.

Für 4 Portionen

500 g fest kochende Kartoffeln
Salz
1 Bund glatte Petersilie
100 g schwarze und grüne Oliven
2 Knoblauchzehen
7 EL Olivenöl
Saft von 1/2 Zitrone
weißer Pfeffer

50 Minuten

1 Kartoffeln waschen und im Salzwasser zum Kochen bringen. Die Hälfte der Petersilie waschen und zu den Kartoffeln geben. Etwa 20 Minuten garen lassen.

2 Die restliche Petersilie waschen, trockenschwenken, von den Stielen zupfen und hacken. Oliven entsteinen und vierteln.

3 Knoblauchzehen abziehen, zerdrücken und mit dem Olivenöl mischen.

4 Kartoffeln abgießen, kurz abkühlen lassen, schälen und durch eine Presse drücken.

5 Den Kartoffelbrei mit dem vorbereiteten Knoblauchöl und Zitronensaft zu einer geschmeidigen Creme rühren. Mit Salz und Pfeffer würzen.

6 Zuletzt die restliche Petersilie und die Olivenviertel vorsichtig unter die Kartoffelcreme heben. Auf vier tiefe Schüsselchen verteilen und möglichst noch lauwarm servieren.

Pro Portion: 1271/304 kJ/kcal
3 g Eiweiß • 21 g Fett
22 g Kohlenhydrate • 4 g Ballaststoffe • 0 mg Cholesterin

Tipp der Köchin

Das Rezept der griechischen Kartoffelcreme kann beliebig schärfer gewürzt werden. Rühren Sie mehr Knoblauch und eine frische Chilischote dazu und genießen Sie die Creme mit einem Fladenbrot. Es passen auch Gemüsebrote oder Weißbrot mit einer Gemüseauflage (in Olivenöl marinierte, gegarte Gemüse) hervorragend dazu.

Die Kartoffelcreme mit Oliven kombiniert weiche Kartoffeln, herzhafte Oliven, scharfen Knoblauch und köstliches Olivenöl auf pikante Weise.

schmeckt sommerlich

Kartoffelquark

Kartoffeln sind preiswert und äußerst gesund. Mit frischen Kräutern aufgepeppt, braucht sich dieser Kartoffelquark in der sommerlichen Küche wahrlich nicht zu verstecken.

Für 4–6 Portionen

500 g Kartoffeln
Meersalz
2 Fleischtomaten
150 g Gemüsemais
1/2 Bund gemischte Kräuter
300 g Sahnequark
100 g Vollmilchjoghurt
100 g saure Sahne
1 EL Olivenöl
1/4 TL Currypulver
schwarzer Pfeffer

60 Minuten

1 Kartoffeln waschen und im Salzwasser mit der Schale in etwa 20 Minuten gar kochen. Abgießen, abkühlen lassen und schälen. Anschließend in einen halben Zentimeter kleine Würfel schneiden.

2 Fleischtomaten waschen, kreuzweise einschneiden, mit kochendem Wasser überbrühen und häuten. Das Fruchtfleisch entkernen und passend zu den Kartoffeln in kleine Würfel schneiden.

3 Den Gemüsemais in einem Sieb abtropfen lassen. Die gemischten Kräuter, z. B. Petersilie, Schnittlauch, Dill, Kerbel, Basilikum etc., waschen, trockenschwenken, von den Stielen zupfen und hacken.

4 Den Sahnequark mit Vollmilchjoghurt, saurer Sahne und Olivenöl cremig rühren. Mit Currypulver, Salz und Pfeffer würzen.

5 Kartoffel- und Tomatenwürfel, Kräuter und Gemüsemais locker unter den Quark mischen. Nochmals abschmecken.

Pro Portion: 1518/363 kJ/kcal • 15 g Eiweiß 15 g Fett • 37 g Kohlenhydrate • 6 g Ballaststoffe • 40 mg Cholesterin

Tipp der Köchin

Verwenden Sie für diesen bunten Kartoffelquark am besten kräftige Brotsorten, wie z. B. Kürbiskernbrot, Siebenkornbrot, Dinkelvollkornbrot oder Sonnenblumenbrot. Zu helles, neutrales Weiß- oder Mischbrot schmeckt fade.

Raffiniert

Kräuterkäsebutter

Für 4 Portionen

1/2 Bund gemischte Kräuter (Thymian, Rosmarin, Petersilie, Oregano, Schnittlauch, Pimpernelle)
50 g Emmentaler
100 g Doppelrahmfrischkäse
50 g Sahnequark
50 g zimmerwarme Butter
Salz
geschroteter schwarzer Pfeffer

Zubereitungszeit 20 Minuten
Kühlzeit 60 Minuten

1 Kräuter waschen, teils von den Stielen zupfen und fein wiegen.

2 Den Emmentaler auf einer Küchenreibe fein raspeln. Den Doppelrahmfrischkäse mit dem Sahnequark und der Butter cremig rühren.

3 Den Emmentaler und die Kräuter unter die Käsecreme rühren. Mit Salz und Pfeffer abschmecken. In einen Steinguttopf füllen und zugedeckt 1 Stunde kühl stellen.

Pro Portion: 1079/258 kJ/kcal
8 g Eiweiß • 23 g Fett
2 g Kohlenhydrate • 0 g Ballaststoffe • 72 mg Cholesterin

Den bunten Kartoffelquark kann man, anstatt ihn auf Brot zu streichen, auch zu gegrillten Steaks oder Spießen servieren.

Falls Sie keine frischen Kräuter zur Hand haben, können Sie auch ein Stück (25 g) zimmerwarme Kräuterbutter oder eine tiefgefrorene Kräutermischung verwenden.

Herzhaft-pikant

Kidneybohnenaufstrich

Die großen, dunkelroten Kidneybohnen zählen in den USA zu den vielseitigsten und beliebtesten Bohnen. Für diesen Aufstrich benötigen Sie die Kidneybohnen als Konserven.

Für 4 Portionen

1 Knoblauchzehe
1 Zwiebel
1 Fleischtomate
1/2 Bund glatte Petersilie
500 g gekochte Kidneybohnen (Abtropfgewicht aus der Dose 485 g)
2–3 EL Maiskeimöl
Meersalz
schwarzer Pfeffer
1 bis 2 Tropfen Tabascosauce

20 Minuten

1 Knoblauchzehe und Zwiebel abziehen, fein würfeln. Die Zwiebelwürfel separat zur Seite stellen.

2 Tomate waschen, kreuzweise einschneiden, mit kochendem Wasser überbrühen und häuten. Das Fruchtfleisch entkernen und in feine Würfel schneiden.

3 Petersilie waschen, trockenschwenken, von den Stielen zupfen und hacken.

4 Die Bohnen in einem Sieb abtropfen lassen. Zusammen mit dem Öl im Küchenmixer so lange pürieren, bis eine cremige Masse entstanden ist.

5 Das Bohnenpüree mit Meersalz, Pfeffer und Tabascosauce kräftig würzen. Knoblauch- und Tomatenwürfel sowie die Petersilie nach und nach unterrühren.

6 Den Aufstrich in eine Servierschüssel füllen und mit den Zwiebelwürfeln garnieren.

Pro Portion: 1426/341 kJ/kcal
20 g Eiweiß • 9 g Fett
41 g Kohlenhydrate • 23 g Ballaststoffe • 0 mg Cholesterin

Tipp der Köchin

Zum Kidneybohnenaufstrich passen dunkle Brotsorten und ein Rohkostteller besonders gut. Servieren Sie bunt gemischte Salate und viele eiweißhaltige Sprossen und Keime – und fertig ist das vegetarische Festessen.

Exklusiv

Kaviarbutter mit Garnelen

Für 4 Portionen

frische Dillzweige, 1 kleine Zwiebel
100 g zimmerwarme Butter
Saft von 1/2 Zitrone
50 g geschälte, gekochte Garnelen
50 g schwarzer Kaviar
schwarzer Pfeffer

Zubereitungszeit 15 Minuten
Kühlzeit 120 Minuten

1 Dillzweige waschen, trockenschwenken und von den Stielen zupfen.

2 Zwiebel fein würfeln. Mit Zitronensaft, Zwiebelwürfeln, Dill und der Butter cremig rühren.

3 Garnelen grob hacken und mit etwa 40 g Kaviar in die Butter rühren. Nur leicht mit Pfeffer würzen.

4 Die fertige Butter in vier Portionsförmchen füllen und mit dem restlichen Kaviar belegen. Mit einer Folie abdecken und mindestens 2 Stunden in den Kühlschrank stellen.

Pro Portion: 1045/250 kJ/kcal
6 g Eiweiß • 23 g Fett
2 g Kohlenhydrate • 1 g Ballaststoffe • 117 mg Cholesterin

Zu dem deftigen Brotaufstrich aus Kidneybohnen schmeckt am besten knuspriges Mischbrot und ein Glas kühles Bier.

Servieren sie die Kaviarbutter zur Vorspeise mit getoasteten Dreiecken. Noch hübscher sieht es aus, wenn Sie die Butter mit einem Spritzsack in Papierrosetten spritzen und eine Stunde in das Tiefkühlfach geben.

Genuss im Herbst

Kastaniencreme

Edelkastanien sind die essbaren Kastanien, die in den wärmeren Gefilden südlich der Alpen bestens gedeihen. Sie kommen aber auch bei uns in klimatisch begünstigten Gegenden, z. B. in Baden-Württemberg oder in der Pfalz vor.

Für 4 Portionen

400 g frische Edelkastanien
1 Zwiebel
1/2 Bund glatte Petersilie
einige frische Basilikumblättchen
1 Fleischtomate
knapp 100 ml Olivenöl
Meersalz
schwarzer Pfeffer

60 Minuten

1 Den Backofen auf 200 °C vorheizen. Kastanien kreuzweise einschneiden, auf ein Backblech legen und in den vorgeheizten Ofen schieben. Etwa 30 Minuten garen lassen.

2 Zwiebel abziehen und fein würfeln. Petersilie waschen, trockenschwenken, von den Stielen zupfen und fein hacken. Basilikumblättchen waschen und in Streifen schneiden.

3 Die Fleischtomate waschen, kreuzweise einschneiden, mit kochendem Wasser übergießen und häuten. Das Fruchtfleisch von den Kernen befreien und in etwa einen halben Zentimeter kleine Würfel schneiden. Die Kastanien aus dem Ofen nehmen, schälen und grob zerkleinern.

4 Die vorbereiteten Kastanien und die Zwiebel- und Knoblauchwürfel in den Küchenmixer geben. Olivenöl langsam zugießen und das Ganze pürieren.

5 Die Kastaniencreme mit Salz und Pfeffer würzen. Zuletzt die Kräuter und die Tomatenwürfel unter die Creme heben.

Pro Portion: 1768/423 kJ/kcal
4 g Eiweiß • 25 g Fett
41 g Kohlenhydrate • 9 g Ballaststoffe • 0 mg Cholesterin

Frische Kräuter, Zwiebel und Olivenöl geben der Kastaniencreme ein kräftiges Aroma.

Tipp der Köchin

Im Herbst ist Kastanienzeit! Nutzen Sie das aus. Die Kastanien sind nicht nur gesund, sie geben Ihrem Brotaufstrich zudem eine ganz besondere, nussige Geschmacksnote.

Herrlich erfrischend

Krabbencreme

Die Nordseekrabben, auch Sandgarnelen genannt, werden im Sommer im Wattenmeer der Nordseeküste gefangen und – wegen ihrer leichten Verderblichkeit – bereits an Bord gekocht.

Für 4 Portionen

200 g gepulte, gekochte Nordseekrabben
Saft von 1/2 Zitrone
1/2 Bund Dill
50 g Mayonnaise
150 g Naturjoghurt
Salz
weißer Pfeffer

Garnitur:

1 hart gekochtes Ei
4 Zitronenviertel

Zubereitungszeit 20 Minuten
Kühlzeit 60 Minuten

1 Nordseekrabben klein hacken und in einer Schüssel mit Zitronensaft beträufeln.

2 Dill waschen, trockenschwenken, von den Stielen zupfen und fein hacken.

3 Mayonnaise, Dill und Naturjoghurt mit den Krabben verrühren. Mit Salz und Pfeffer würzen.

4 Die Krabbencreme in eine Servierschüssel füllen, mit einer Folie abdecken und etwa 1 Stunde in den Kühlschrank stellen.

5 Das Ei pellen, vierteln und zusammen mit den Zitronenscheiben auf der Krabbencreme anrichten.

Pro Portion: 723/173 kJ/kcal
13g Eiweiß • 11 g Fett
3 g Kohlenhydrate • 0 g Ballaststoffe • 152 mg Cholesterin

Tipp der Köchin

Anstelle von Nordseekrabben können Sie auch tiefgekühlte Garnelen verwenden. Doch wer einmal frische Nordseekrabben vom Kutter probiert hat, der ist kaum kompromissbereit.

Krabben selbst zu pulen ist reine Fleißarbeit. Zwar schmecken sie ganz frisch am besten, doch meist probiert man beim Schälen so viel, dass kaum etwas übrig bleibt.

Für die wahren Knoblauchfans

Knoblauchaufstrich

Für 4 Portionen
2 Knoblauchknollen
8 Scheiben Kastenweißbrot
4–6 EL Olivenöl

40 Minuten

1 Den Backofen auf 220 °C vorheizen und die beiden Knoblauchknollen auf ein Backblech legen.

2 Die Weißbrotscheiben mit Olivenöl bestreichen und anschließend diagonal in Dreiecke schneiden.

3 Das Backblech in den heißen Backofen schieben und die Knoblauchknollen, je nachdem wie reif sie sind, bis zu 30 Minuten backen lassen.

4 Nach Ablauf der Backzeit die Knoblauchknollen quer halbieren und für jeden Gast eine halbe Knolle mit den Brotdreiecken servieren. Der Knoblauch ist dann so weich, dass er sich aus den Schalen kratzen lässt.

Pro Portion: 1330 kJ/318 kcal
6 g Eiweiß • 16 g Fett
34 g Kohlenhydrate • 2 g Ballaststoffe • 1 mg Cholesterin

Hellbraun geröstetes Weißbrot oder deftiges Schwarzbrot harmonieren am besten mit der köstlichen Krabbencreme.

Erschrecken Sie nicht beim Lesen des Rezeptes, sondern probieren Sie's einfach aus. Knoblauch wird im Backofen milder, nur frisch ist er sehr scharf.

Orientalische Köstlichkeit

Lammhackfleisch mit Minzejoghurt

Das Lammhackfleisch bekommt durch die Minzeblätter mit ihrem charakteristischen, erfrischenden und würzigen Aroma eine besonders interessante Note.

Für 4 Portionen

1 große Zwiebel
4 Knoblauchzehen
etwa 10 frische Minzeblätter
1/2 Bund frische Petersilie
6 EL Olivenöl
300 g Lammhackfleisch
Salz
schwarzer Pfeffer
1 TL Kreuzkümmel
je 1 Messerspitze edelsüßes und rosenscharfes Paprikapulver
1 EL Tomatenmark
200 g Vollmilchjoghurt
Saft von 1/2 Zitrone
1 frisches Fladenbrot

Nach Belieben können die Fladenbrote, bevor sie mit dem würzigen Lammhackfleisch bestrichen werden, knusprig geröstet werden.

30 Minuten

1 Zwiebel und Knoblauchzehen abziehen und klein würfeln. Minzeblätter waschen und in Streifen schneiden.

2 Petersilie waschen, trockenschwenken, von den Stielen zupfen und hacken.

3 In einem Topf das Olivenöl erhitzen und darin die Zwiebel- und Knoblauchwürfel glasig dünsten.

4 Das Lammhackfleisch hinzufügen und unter ständigem Rühren krümelig braten. Mit Salz, Pfeffer, Kreuzkümmel und den beiden Paprikawürzpulvern pikant abschmecken.

5 Das Lammhackfleisch mit dem Tomatenmark durchrösten. Den Topf beiseite ziehen und Joghurt, Zitronensaft sowie die Kräuter einrühren.

6 Das Lammhack nochmals abschmecken und dick auf das Fladenbrot streichen.

Pro Portion: 2090/500 kJ/kcal
20 g Eiweiß • 29 g Fett
32 g Kohlenhydrate • 2 g Ballaststoffe • 59 mg Cholesterin

Tipp der Köchin

Wenn Sie das gebratene Lammhackfleisch mit 100 Gramm Vollmilchjoghurt und 100 Gramm Mayonnaise vermischen, dann schmeckt der Aufstrich etwas europäischer. Statt Fladenbrot können Sie auch toskanisches Olivenbrot, Thymianbrot, Walnuss- oder Haselnussbrot oder einfaches Weißbrot verwenden.

Für Gäste geeignet

Lachstatar

Lachse werden frisch, tiefgefroren, geräuchert oder als Konserve angeboten. Aufgrund seines fettreichen Fleisches verdirbt Lachs relativ schnell. Im Kühlschrank hält er sich etwa zwei Tage.

Für 4 Portionen
2 Tomaten
2 Schalotten
500 g frisches, enthäutetes Lachsfilet
5 EL Olivenöl
Salz
schwarzer Pfeffer
Saft von 1 Zitrone
Garnitur:
1 TL frisch gehackter Dill
1 EL eingelegte Kapern
4 Zitronenviertel

Zubereitungszeit 20 Minuten
Kühlzeit 30 Minuten

1 Tomaten waschen, kreuzweise einschneiden, mit kochendem Wasser übergießen und häuten. Das Fruchtfleisch entkernen und in einen halben Zentimeter kleine Würfel schneiden.

2 Schalotten abziehen und fein würfeln.

3 Das Lachsfilet in ganz kleine Würfel schneiden. Das Olivenöl mit Salz, Pfeffer und Zitronensaft verrühren und mit den Lachswürfeln vermengen.

4 Tomaten- und Schalottenwürfel unter das Lachstatar mischen und in einer Servierschüssel anrichten.

5 Das Lachstatar mit Dill, Kapern und Zitronenvierteln garnieren. Mit einer Folie abdecken und eine halbe Stunde in den Kühlschrank stellen.

Pro Portion: 1329/318 kJ/kcal
27 g Eiweiß • 18 g Fett
8 g Kohlenhydrate • 2 g Ballaststoffe • 44 mg Cholesterin

Tipp der Köchin

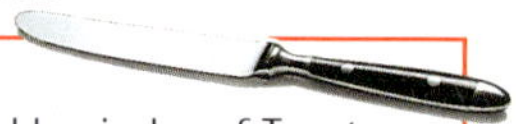

Lachstatar wird klassisch auf Toast serviert. Den frischen Lachs können Sie übrigens mit den genannten Rezeptzutaten auch in der Küchenmaschine fein pürieren – je nach Geschmack.

slowakische Quarkspezialität

Liptauer

Für 4 Portionen

200 g Quark, 100 g saure Sahne
50 g zimmerwarme Butter
1 Zwiebel, 1 Bund Schnittlauch
50 g eingelegte Kapern
Salz, weißer Pfeffer
1 TL edelsüßes Paprikapulver
je 1 Messerspitze Kümmel
und Nelken gemahlen

Garnitur:
Zwiebelringe, 2 eingelegte Sardellen

Zubereitungszeit 15 Minuten
Kühlzeit 30 Minuten

1 Quark, Sahne und Butter cremig verrühren. Zwiebel fein würfeln und unterheben. Schnittlauch in Röllchen schneiden. Kapern hacken und mit etwas Kapernsaft und dem Schnittlauch in die Creme rühren.

2 Den Quark mit den Gewürzen pikant abschmecken. In eine Servierschüssel füllen, mit einer Folie abdecken und 30 Minuten in den Kühlschrank stellen. Mit Zwiebelringen und Sardellen garniert servieren.

Pro Portion: 1271/304 kJ/kcal
8 g Eiweiß • 24 g Fett
11 g Kohlenhydrate • 2 g Ballaststoffe • 50 mg Cholesterin

Die Garnierung des Liptauers hat nicht nur eine optische Funktion – Zwiebelringe und Sardellen schmecken köstlich zu dem slowakischen Quark.

Die Mungbohne, auch grüne Sojabohne genannt, wird vor allem in China, Indien und Ostasien angebaut. Ihr Geschmack erinnert ein wenig an zarte, junge Gartenbohnen.

Zitronen sind, wie alle Zitrusfrüchte, wahre Vitamin-C-Bomben. Der Saft einer Zitrone deckt fast 50 Prozent des täglichen Bedarfs.

Nussig und erfrischend

Mungbohnenaufstrich

Für 4 Portionen
150 g getrocknete Mungbohnen
Meersalz
1–2 Knoblauchzehen
einige frische Minzeblättchen
100 g Vollmilchjoghurt
Saft von 1/2 Zitrone
schwarzer Pfeffer
1/4 TL Kreuzkümmel
1 Prise Cayennepfeffer
Garnitur:
frische Minzeblättchen

Zubereitungszeit 60 Minuten
Einweichzeit 12 Stunden

1 Mungbohnen am besten über Nacht in kaltem Wasser einweichen. Mit frischem Wasser und einer Prise Meersalz zum Kochen aufsetzen. Etwa 40 Minuten garen lassen.

2 In der Zwischenzeit den Knoblauch abziehen und zerdrücken. Minzeblättchen waschen und fein wiegen.

3 Die weich gekochten Mungbohnen zusammen mit dem Joghurt, dem Knoblauch, der Minze und dem Zitronensaft im Küchenmixer zu einer Paste pürieren.

4 Den Aufstrich mit Meersalz, Pfeffer, Kreuzkümmel und Cayennepfeffer würzen.

5 In eine Servierschüssel füllen und mit den ganzen Minzeblättchen garnieren.

Pro Portion: 531/127 kJ/kcal
10 g Eiweiß • 1 g Fett
17 g Kohlenhydrate • 8 g Ballaststoffe • 3 mg Cholesterin

Tipp der Köchin

Für dieses Rezept können Sie ebenfalls andere getrocknete Bohnensorten verwenden – ganz nach Geschmack. Mit einem Esslöffel Crème fraîche oder Mascarpone können Sie darüber hinaus den Geschmack des Aufstrichs verfeinern.

Der Klassiker aus Italien

Mozzarellabelag

Für 4 Portionen

2 Tomaten, enthäutet
1 Bund frische Kräuter
1 Schalotte, 2 Knoblauchzehen
3 Mozzarella (zu je 125 g)
6 EL Olivenöl
Saft von 1/2 Zitrone
1 TL Weißweinessig
Salz, schwarzer Pfeffer

25 Minuten

1 Das Tomatenfruchtfleisch entkernen und in kleine Würfel schneiden.

2 Kräuter waschen und von den Stielen zupfen. Schalotte und Knoblauchzehen fein würfeln.

3 Mozzarella in kleine Würfel schneiden. Das Olivenöl mit Zitronensaft und Essig verrühren. Schalotten- und Knoblauchwürfel, Kräuter und die Tomaten- und Mozzarellastückchen einrühren. Mit Salz und Pfeffer abschmecken und zugedeckt 1 Stunde in den Kühlschrank stellen.

Pro Portion: 1773/424 kJ/kcal
19 g Eiweiß • 34 g Fett
6 g Kohlenhydrate • 2 g Ballaststoffe • 43 mg Cholesterin

Für den Mozzarellabelag auf jeden Fall frisches Basilikum verwenden, dann ist das italienische Trio Mozzarella, Tomaten und Basilikum perfekt.

Zum Mozzarellabelag passt vorzugsweise helles Brot wie Baguette, Baguettebrötchen, toskanisches Brot, Bruschetta, Kastenweißbrot, Ciabatta.

Tipp der Köchin

Zu beiden Matjesgerichten reichen Sie idealerweise Pumpernickel und gekühltes Bier – die Nordsee lässt grüßen!

Fruchtig erfrischend

Matjesstücke in Curryrahm

Für 4 Portionen
200 g frische Matjesfilets
1 großer Apfel
1 kleine Zwiebel
1 gekochtes Ei
50 g Mayonnaise
50 g saure Sahne
1 TL Zitronensaft
1/2 TL gemahlener Curry
Salz
schwarzer Pfeffer
Garnitur:
Schnittlauchröllchen

20 Minuten

1 Matjesfilets unter fließend kaltem Wasser waschen, trockentupfen und in kleine Stücke schneiden.

2 Apfel schälen, entkernen und in Stifte schneiden. Zwiebel abziehen und fein würfeln. Das hart gekochte Ei abpellen und einmal längs und einmal quer durch den Eierschneider drücken.

3 Mayonnaise, saure Sahne und Zitronensaft verrühren. Mit Curry, Salz und Pfeffer würzen. Mit den vorbereiteten Zutaten locker vermengen und in eine Servierschüssel füllen. Mit Schnittlauchröllchen bestreuen.

Pro Portion: 1103/263 kJ/kcal
13 g Eiweiß • 21 g Fett
6 g Kohlenhydrate • 2 g Ballaststoffe • 146 mg Cholesterin

Erfrischend leicht

Matjesbelag mit Bohnen

Für 4 Portionen
4 eingelegte Matjesfilets
einige frische Dillzweige
100 g Knollensellerie
1 kleiner Apfel, 1 EL Zitronensaft
150 g saure Sahne
50 g geschlagene Sahne
1 Prise Zucker
Salz, schwarzer Pfeffer
Serviervorschlag:
4 Partybrötchen oder Pumpernickelbrotscheiben
50 g Prinzessbohnen

20 Minuten

1 Matjesfilets in kleine Würfel schneiden. Dill waschen und von den Stielen zupfen.

2 Sellerie und Apfel schälen und auf einer Küchenreibe fein raspeln. Mit Zitronensaft beträufeln.

3 Saure Sahne mit geschlagener Sahne verrühren. Sellerie- und Apfelraspel sowie die Matjesstücke unterheben. Mit Zucker, Salz und Pfeffer abschmecken.

4 Die Partybrötchen halbieren und den Matjesbelag darauf verteilen. Mit Bohnen garnieren.

Pro Portion: 1137/272 kJ/kcal
10 g Eiweiß • 16 g Fett
19 g Kohlenhydrate • 3 g Ballaststoffe • 77 mg Cholesterin

Erfrischend, fruchtig, leicht – der Matjesbelag auf kleinen Pumpernickelkreisen ist der echte Renner als köstlicher Snack für den kleinen Hunger.

Pikantes Nusstrio

Nussaufstrich

Pinienkerne, die für dieses Nusstrio ebenfalls verwendet werden, sind die teuersten aller Nüsse. Sie schmecken süßlich und sind von weicher Konsistenz.

Für 4 Portionen
1 Bund Frühlingszwiebeln
2 Schalotten
2 Knoblauchzehen
1 frische rote Chilischote
50 g Pinienkerne
50 g Cashewkerne
50 g Walnusskerne
4 EL Sonnenblumenöl
Salz
schwarzer Pfeffer
Cayennepfeffer
1 EL Sesamöl

30 Minuten

1 Frühlingszwiebeln putzen und fein würfeln. Schalotten und Knoblauchzehen abziehen und ebenfalls fein würfeln.

2 Die Chilischote waschen, längs aufschneiden, die Kerne entfernen und fein hacken.

3 Die drei Nusssorten mt einem Küchenmesser grob hacken.

4 In einer Pfanne das Sonnenblumenöl erhitzen und darin Frühlingszwiebeln, Schalotten- und Knoblauchwürfel andünsten.

5 Die Nüsse hinzufügen und das Ganze einige Minuten durchbraten. Mit Salz, Pfeffer und Cayennepfeffer abschmecken.

6 Den Pfanneninhalt in eine Schüssel füllen und mit Sesamöl locker vermengen.

Pro Portion: 1450/347 kJ/kcal
8 g Eiweiß • 27 g Fett
15 g Kohlenhydrate • 2 g Ballaststoffe • 0 mg Cholesterin

Tipp der Köchin

Die Nussmischung erhält durch die Gewürzpflanzen eine pikante Note. Kaufen Sie Fladenbrot und dippen Sie damit den Nussaufstrich.

Spezialität aus Bayern

Obatzta

Für 4 Portionen
1 kleine Zwiebel
300 g zimmerwarmer, reifer Camembert
60 g zimmerwarme Butter
2 bis 3 EL Sahne
Salz
weißer Pfeffer
Garnitur:
edelsüßes Paprikapulver
Salzstangen

Zubereitungszeit 20 Minuten
Kühlzeit 60 Minuten

1 Zwiebel abziehen und fein würfeln. Camembert entrinden und in grobe Stücke schneiden. Camembert mit einer Gabel zerdrücken und Butter und Sahne hinzufügen.

2 Zwiebelwürfel unter die Käsecreme rühren. Mit Salz und Pfeffer würzen. In eine Schüssel füllen, zugedeckt 1 Stunde kalt stellen.

3 Obatztn mit Paprikapulver und mit Salzstangen verzieren.

Pro Portion: 1676/401 kJ/kcal
16 g Eiweiß • 34 g Fett
3 g Kohlenhydrate • 1 g Ballaststoffe • 97 mg Cholesterin

Obatzta ist nur »echt«, wenn er aus reifem Camembert zubereitet wird.

Dieser Brotaufstrich wird gerne in Biergärten mit Bauernbrot oder großen Brezen zu einer Mass Bier gegessen.

Scharfes aus Ungarn

Paprikacreme

Dieser rote Brotaufstrich ist dem serbischen Ajvar nachempfunden, der als Saucenbeilage für Grillgerichte serviert wird. Auf Fladenbrot oder Weißbrot schmeckt er fantastisch.

Für 4 Portionen

3 rote Paprikaschoten
1 große Zwiebel
2 Knoblauchzehen
5 EL Olivenöl
2 EL weißer Essig
Meersalz
schwarzer Pfeffer
je 1 Messerspitze rosenscharfes und edelsüßes Paprikapulver
1 Prise Zucker

Zubereitungszeit 30 Minuten
Ruhezeit 60 Minuten

1 Den Backofen auf 200 °C vorheizen. Paprikaschoten waschen, längs halbieren und entkernen.

2 Die Paprikahälften mit den Schnittflächen nach unten auf ein Backblech legen und in den Backofen schieben. Etwa 20 Minuten garen.

3 In der Zwischenzeit die Zwiebel und die Knoblauchzehen abziehen und fein würfeln.

4 Die Paprikahälften aus dem Backofen nehmen, häuten und grob zerschneiden. Zusammen mit Olivenöl und Essig im Küchenmixer fein pürieren.

5 Die Paprikacreme mit Meersalz, Pfeffer, den beiden Paprikawürzpulvern und dem Zucker pikant abschmecken. Die vorbereiteten Knoblauch- und Zwiebelwürfel untermischen.

6 Den Brotaufstrich mit einer Folie abdecken und im Kühlschrank 1 Stunde ziehen lassen.

Pro Portion: 665/159 kJ/kcal
2 g Eiweiß • 13 g Fett
7 g Kohlenhydrate • 4 g Ballaststoffe • 0 mg Cholesterin

Tipp der Köchin

Nach Belieben können Sie rote und grüne Paprikaschoten verwenden oder eine Aubergine dazu pürieren. Die Auberginen genauso wie die Paprikaschoten in den Backofen legen und anschließend häuten.

Aus dem Nahen Osten

Petersiliendip

Für 4 Portionen

2 Bund glatte Petersilie
1 Knoblauchzehe
5 EL Olivenöl
Saft von 1 Zitrone

Zubereitungszeit 15 Minuten
Ruhezeit 60 Minuten

1 Petersilie waschen, trockenschwenken und von den Stielen zupfen. Knoblauchzehe abziehen und durch die Knoblauchpresse in das Olivenöl drücken.

2 Das Knoblauchöl mit der Petersilie und dem Zitronensaft vermengen. Zugedeckt mindestens 1 Stunde im Kühlschrank ziehen lassen.

Pro Portion: 502/120 kJ/kcal
0 g Eiweiß • 13 g Fett
0 g Kohlenhydrate • 0 g Ballaststoffe • 0 mg Cholesterin

Tipp der Köchin

Vierteln Sie ein Fladenbrot und schneiden Sie jedes Viertel wiederum auf. Darauf streichen Sie dann die Petersiliencreme.

Ein dekorativer Serviervorschlag: Die Paprikacreme in eine frische, aus optischen Gründen gelbe oder grüne Paprikahälfte füllen und knuspriges Weißbrot dazu reichen.

Wenn Sie die ganze Würzkraft der Petersilie erleben wollen, sollten Sie nur frisches Kraut verwenden. Getrocknete oder Tiefkühlware ist dagegen sehr geschmacksarm.

Für besondere Anlässe

Putencreme mit Champignons

Diese köstliche Putencreme wird auch ernährungsphysiologischen Ansprüchen gerecht. Putenfleisch ist nämlich eiweißreich und gleichzeitig fettarm.

Für 4 Portionen

- 200 g Putenschnitzel
- Salz
- 200 g Champignons
- 1 Paprikaschote
- 50 g Mayonnaise
- 50 g saure Sahne
- 1 EL Tomatenketchup
- schwarzer Pfeffer
- Worcestersauce nach Geschmack
- 1 Spritzer Zitronensaft
- 1 Messerspitze gemahlener rosenscharfer Paprika

Zubereitungszeit 30 Minuten
Kühlungszeit 60 Minuten

1 Putenfleisch in einen halben Zentimeter große Würfel schneiden. Einen Topf mit 1/2 Liter Wasser und einer Prise Salz zum Kochen bringen.

2 Die Putenfleischwürfel in das kochende Wasser geben und 10 Minuten bei kleiner Hitze kochen lassen.

3 In der Zwischenzeit die Champignons abziehen und vierteln. Die Paprikaschote halbieren, entkernen, waschen und in einen halben Zentimeter große Würfel schneiden.

4 Die Putenfleischwürfel in ein Sieb gießen und abtropfen lassen.

5 Die Mayonnaise mit saurer Sahne und Tomatenketchup verrühren.

6 Die Mayonnaisensahne mit Pfeffer, Worcestersauce, Zitronensaft und Paprikapulver würzen und die gekochten Putenwürfel locker unterheben. Champignons und Paprikawürfel beimengen. Mit einer Folie abdecken und vor dem Servieren 1 Stunde in den Kühlschrank stellen.

Pro Portion: 694/166 kJ/kcal
15 g Eiweiß • 9 g Fett
4 g Kohlenhydrate • 2 g Ballaststoffe • 42 mg Cholesterin

Frische Champignons sind ein Muss für die leckere Putencreme. Zum Putzen nur die äußerste Schicht abziehen.

Tipp der Köchin

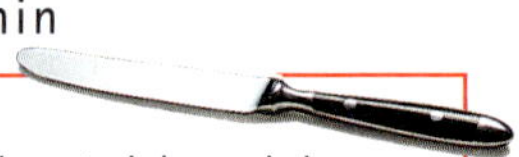

Dieses Rezept eignet sich auch hervorragend für schnelle Kanapees: Halbieren Sie Partybrötchen und belegen Sie sie mit der Putencreme. Als Garnitur verwenden Sie Oliven mit Paprikafüllung und fertig sind die festlichen Happen.

Belgische Spezialität

Rindfleischtatar mit Mayonnaise

Nach belgischer Art wird Rindfleischtatar mit Pommes frites und frischem Baguette serviert. Wenn Sie keine Mayonnaise mögen, können Sie stattdessen zusätzlich ein frisches Eigelb nehmen.

Für 4 Portionen

1 kleine Zwiebel
1 Knoblauchzehe
400 g gehacktes Rinderfilet (auch Lende oder Steakfleisch)
1 frisches Eigelb
1 TL scharfer Senf
1 EL Tomatenketchup
2 EL Mayonnaise
1 TL Essiggurkenwasser
1 Essiggurke
Salz
schwarzer Pfeffer
1 EL eingelegte Kapern

15 Minuten

1 Zwiebel und Knoblauchzehe ab - ziehen und fein würfeln.

2 Das Rindfleischtatar mit den Zwiebel- und Knoblauchwürfeln vermengen.

3 Eigelb, Senf, Tomatenketchup, Mayonnaise und Essiggurkenwasser unter das Tatar mischen.

4 Die Essiggurke in feinste Streifen schneiden und ebenfalls beimischen. Mit Salz und Pfeffer abschmecken.

5 Das Tatar in vier Portionen teilen, auf Tellern anrichten und mit den eingelegten Kapern garnieren. Sofort servieren.

Pro Portion: 1037/248 kJ/kcal
24 g Eiweiß • 13 g Fett
5 g Kohlenhydrate • 1 g Ballaststoffe • 143 mg Cholesterin

Beefsteak Tatar nach deutscher Art

Fügen Sie nebenstehendem Rezept für eine Menge von 150 g 1 klein gehackte Sardelle, je 1 TL gehackten Schnittlauch und Petersilie sowie gemahlenen Paprika hinzu.

Essiggurken gibt es in verschiedenen Würzungen im Handel. Ob Sie Dill- oder Knoblauchgurken oder süß-sauer eingelegte verwenden, entscheidet Ihr persönlicher Geschmack.

Passt gut zum Bier

Radieschenquark

Für 4 Portionen

2 Bund Radieschen
Salz, 1 Bund Schnittlauch
einige frische Basilikumblättchen
200 g Sahnequark
100 g Crème fraîche
100 g Vollmilchjoghurt
schwarzer Pfeffer

20 Minuten

1 Radieschen putzen, dabei die Wurzelenden und Blätter abschneiden. Waschen, abtrocknen, in feine Streifen schneiden und leicht salzen. Schnittlauch waschen und in Röllchen schneiden. Basilikumblättchen säubern und in Streifen schneiden.

2 Den Sahnequark mit Crème fraîche und Vollmilchjoghurt cremig rühren. Radieschenstreifen und Kräuter unterheben.

3 Den Radieschenquark mit Salz und Pfeffer würzen und in einer Schüssel anrichten.

Pro Portion: 790/189 kJ/kcal
8 g Eiweiß • 14 g Fett
6 g Kohlenhydrate • 1 g Ballaststoffe • 29 mg Cholesterin

Die Baguettes mit würzigem Rindfleischtatar auf grünen Salatblättern mit bunten Paprikastreifen garnieren und sofort servieren.

Wenn Sie's ein bisschen schärfer mögen, verwenden Sie statt der Radieschen einen Rettich. Zum Bestreichen eignet sich dunkles, würziges Bauernbrot oder nussiges Körnerbrot am besten.

Spezialität aus Wien

Sacherkäse

Dieses Rezept ist nach dem Gründer des Sacherhotels, Eduard Sacher, in Wien benannt. Ob er diesen Aufstrich nun tatsächlich kreiert oder nur gerne gegessen hat, ist nicht einwandfrei zu klären. Die Idee ist ihm jedoch zuzutrauen, denn die Experimentierfreudigkeit in Küche und Konditorei muss in der Familie liegen: seinem Sohn ist die berühmteste Schokoladentorte der Welt – die Sachertorte – zuzuschreiben.

Für 4 Portionen

1 Zwiebel
1/2 Bund Petersilie
3 eingelegte Sardellenfilets
3 hart gekochte Eier
200 g Sahnequark
50 g saure Sahne
50 g zimmerwarme Butter
1 EL mittelscharfer Senf
Salz
weißer Pfeffer
1/2 TL edelsüßes Paprikapulver

Zubereitungszeit 20 Minuten
Kühlzeit 30 Minuten

1 Zwiebel abziehen und fein würfeln. Petersilie waschen, trockenschwenken, von den Stielen zupfen und fein hacken.

2 Sardellenfilets trockentupfen und fein wiegen.

3 Die Eier pellen, eines davon durch den Eierschneider drücken und beiseite stellen. Die beiden anderen fein hacken.

4 In einer Schüssel Sahnequark, saure Sahne, Butter und Senf cremig verrühren.

5 Die gehackten Eier, Petersilie und Sardellen locker unterheben. Nur leicht salzen und pfeffern und mit Paprikapulver würzen.

6 Den Sacherkäse in eine Servierschüssel füllen und mit den Eierscheiben belegen. Mit einer Folie abdecken und dann 30 Minuten in den Kühlschrank stellen.

Pro Portion: 1614/386 kJ/kcal
18 g Eiweiß • 30 g Fett
5 g Kohlenhydrate • 1 g Ballaststoffe • 237 mg Cholesterin

Tipp der Köchin

Die eingelegten Sardellenfilets sind bereits sehr salzig. Gehen Sie daher beim Abschmecken mit dem Salzstreuer besonders vorsichtig um.

Den Sacherkäse auf knusprigen Baguettescheiben servieren oder kleine Pellkartoffeln dazu reichen.

Aus Bulgarien

Schafskäsecreme

Schafskäse reift in einer Lake. Käse dieser Art trifft man vor allem auf dem Balkan, in der Türkei und auch in Griechenland in verschiedenen Varianten an.

Für 4 Portionen
2 kleine Zwiebeln
1/2 Bund Schnittlauch
1/2 Bund glatte Petersilie
einige frische Oreganoblättchen
200 g bulgarischer Schafskäse
100 g zimmerwarme Butter
Salz
schwarzer Pfeffer
1/2 TL Fenchelsamen
1/2 TL Kümmel
Garnitur:
grüne Oliven

20 Minuten

1 Zwiebeln abziehen und vierteln. Schnittlauch waschen und in Röllchen schneiden.

2 Petersilie waschen, trockenschwenken, von den Stielen zupfen und hacken.

3 Oreganoblättchen waschen und fein wiegen. Den Schafskäse klein schneiden und in einer Schüssel mit der Butter vermengen.

4 Die Käsecreme mit Schnittlauch, Petersilie und Oregano verrühren. Mit Salz, Pfeffer, Fenchelsamen und Kümmel würzen.

5 Das Ganze in eine Schüssel füllen und mit Zwiebelvierteln und Oliven garnieren.

Pro Portion: 1434/343 kJ/kcal
9 g Eiweiß • 31 g Fett
4 g Kohlenhydrate • 2 g Ballaststoffe • 90 mg Cholesterin

Tipp der Köchin

Die Schafskäsecreme wird noch feiner, wenn die ganzen Zutaten im Küchenmixer püriert werden. Geben Sie noch 50 g Kefir dazu – und fertig ist die original bulgarische Schafskäsecreme.

Die scharfen Inhaltsstoffe der Zwiebeln regen nicht nur den Gaumen an, sie sind zudem auch von hohem gesundheitlichem Wert. Sie wirken gegen Entzündungen und Pilzerkrankungen.

Ein Muss für Sandwichfans

Salsa Verde

Für 4 Portionen

1/2 Bund glatte Petersilie
1 Knoblauchzehe
1/2 unbehandelte Zitrone
1 eingelegtes Sardellenfilet
1 EL eingelegte Kapern
1 TL Dijonsenf
2 schwarze Pfefferkörner
2–3 EL Olivenöl

10 Minuten

1 Petersilie waschen, trockenschwenken und von den Stielen zupfen. Knoblauchzehe abziehen und in Viertel schneiden.

2 Mit einem Schalenreisser von der Zitrone feinste Streifen abziehen. Die Zitrone auspressen.

3 Das Sardellenfilet grob zerschneiden. Alle Zutaten, außer dem Olivenöl, im Küchenmixer pürieren.

4 Olivenöl langsam zugießen, bis eine cremige Sauce entsteht.

Pro Portion: 502/120 kJ/kcal
2 g Eiweiß • 11 g Fett
2 g Kohlenhydrate • 0 g Ballaststoffe • 1 mg Cholesterin

Die cremige Salsa Verde ist mittlerweile zum echten Klassiker geworden.

Salsa Verde heißt übersetzt »grüne Sauce«. Scheuen Sie sich also nicht, die Ernte Ihres Kräuterbeets einzuarbeiten. Oder das Brot zusätzlich mit gegrillten Tomaten- und Zucchinischeiben und gegrilltem Hühnerfleisch belegen.

Schwedische Erinnerungen

Senfaufstrich mit Räucherlachs

Servieren Sie als Getränk einen frischen, fruchtigen Weißwein wie z.B. einen Riesling oder Sancerre. Er sollte jedoch nicht zu leicht sein, um ein Gegengewicht zu dem doch pikanten Senfaufstrich zu bilden.

Für 4 Portionen

- 50 g geräucherter Lachs
- einige frische Dillzweige
- 1 Schalotte
- 2 frische Eigelbe
- 1 EL scharfer Senf
- 1 EL brauner Zucker
- 1/8 l Pflanzenöl
- 2 cl Weinbrand
- 2 EL trockener Weißwein
- 1 EL Zitronensaft
- Salz
- schwarzer Pfeffer

15 Minuten

1 Räucherlachs fein würfeln. Dill waschen, trockenschwenken und von den Stielen zupfen.

2 Schalotte abziehen und fein hacken.

3 In einer Schüssel mit einem elektrischen Handrührgerät die Eigelbe mit Senf und Zucker verrühren.

4 Das Pflanzenöl in einem dünnen Strahl langsam eingießen, so dass eine homogene Sauce entsteht.

5 Die Senfsauce mit Weinbrand, Weißwein, Zitronensaft, Salz und Pfeffer abschmecken. Dill und Lachs unterheben.

Pro Portion: 1660/397 kJ/kcal
5 g Eiweiß • 36 g Fett
6 g Kohlenhydrate • 0 g Ballaststoffe • 162 mg Cholesterin

Tipp der Köchin

Brechen Sie knuspriges, ofenfrisches Baguette einfach mit den Händen und geben Sie den Aufstrich löffelweise darüber. Das Räucherlachsbaguette können Sie zusätzlich mit Salatstreifen und Krabben belegen.

Wer einmal das frische, intensive Aroma von Dill genossen hat, wird sich ungern mit getrockneten Kräutern zufrieden geben.

Außergewöhnliches Fischgericht

Schillerlocken im Senfaufstrich

Für 4 Portionen
200 g Schillerlocken (geräucherte Bauchlappen des Dornhais)
1/2 Bund Dill
1 Prise brauner Zucker
1 EL Dijonsenf
1 TL Zitronensaft
2 EL Mayonnaise
2 EL Walnussöl
schwarzer Pfeffer
1 frisches Baguette

15 Minuten

1 Schillerlocken in einen halben Zentimeter kleine Würfel schneiden. Dill waschen, trocknen und von den Stielen zupfen.

2 In einer Schüssel den Zucker mit Senf, Zitronensaft, Mayonnaise und Walnussöl cremig verrühren.

3 Fisch und Dill unter die Senfsauce mischen und mit Pfeffer abschmecken. In eine Sauciere füllen und mit Baguettestücken heraustunken.

Pro Portion: 1300/311 kJ/kcal
14 g Eiweiß • 14 g Fett
28 g Kohlenhydrate • 1 g Ballaststoffe • 34 mg Cholesterin

Schillerlocken einmal anders – Senf, Zitrone und Walnussöl harmonieren perfekt mit dem geräucherten Fisch und machen den Brotaufstrich zur reinen Gaumenfreude.

Die Schillerlocken sind mit anderen geräucherten Fischen wie Forelle, Bückling, Aal oder Saibling beliebig austauschbar.

Berliner Spezialität

Soleier mit Mostrich

In Berliner Kneipen stehen hohe Glasgefäße auf der Theke, in denen die Soleier im Sud liegen. Normalerweise werden sie nur geschält und mit einer dicken Schicht scharfem Senf meist im Ganzen vertilgt.

Für 4 Portionen

1 Zwiebel
2 EL Salz
1 EL Kümmel
8 Eier
1 kleine Zwiebel
1 Bund Schnittlauch
2 EL scharfer Senf
4 EL Pflanzenöl
1 Prise Zucker
Salz
schwarzer Pfeffer
4 große Scheiben Schwarzbrot

Zubereitungszeit 20 Minuten
Ruhezeit 3 Tage

1 Zwiebel schälen und in Ringe schneiden. Einen Topf mit 1 Liter Wasser aufkochen. Salz, Kümmel und Zwiebelringe zufügen. Den Sud durch ein Sieb gießen und erkalten lassen.

2 Eier in etwa 10 Minuten hart kochen und mit kaltem Wasser abschrecken.

3 Die gekochten Eier mit einer Nadel mehrmals einstechen und in ein Steingut- oder Glasgefäß legen. Mit so viel erkaltetem Sud begießen, dass alle Eier bedeckt sind. Die Eier etwa drei Tage bei Zimmertemperatur in dem Sud stehen lassen.

4 Zwiebel abziehen und fein würfeln. Schnittlauch waschen und in Röllchen schneiden.

5 Den Senf mit dem Öl cremig verrühren und die Zwiebelwürfel sowie den Schnittlauch unterrühren. Mit Zucker, Salz und Pfeffer abschmecken.

6 Die Soleier aus dem Sud nehmen, pellen und mit dem Eierschneider in Scheiben schneiden.

7 Die Schwarzbrotscheiben mit dem Mostrich bestreichen und mit Eierscheiben belegen.

Pro Portion:
1852/443 kJ/kcal
21 g Eiweiß
25 g Fett
28 g Kohlenhydrate
8 g Ballaststoffe
480 mg Cholesterin

Orientalische Genüsse

Sesamsauce mit Petersilie

Für 4 Portionen

1/2 Bund Petersilie
2 Knoblauchzehen
100 g Sesampaste
(in asiatischen und orientalischen Läden erhältlich)
Saft von 1 Zitrone
50 g Schafmilchjoghurt
Salz
1 TL Kreuzkümmel
1 Prise Cayennepfeffer
Pitabrot

15 Minuten

1 Petersilie waschen, trockenschwenken, von den Stielen zupfen und hacken. Knoblauchzehen abziehen und zerdrücken.

2 In einer Schüssel die Sesampaste mit Zitronensaft und Schafsmilchjoghurt glatt rühren.

3 Petersilie und Knoblauch in die Sesamsauce rühren. Mit Salz, Kreuzkümmel und Cayennepfeffer abschmecken. Sofort genießen.

Pro Portion: 686/164 kJ/kcal
5 g Eiweiß • 14 g Fett
2 g Kohlenhydrate • 3 g Ballaststoffe • 2 mg Cholesterin

Das Aroma der Soleier mit Mostrich kommt auf dunklem, herzhaftem Brot am besten zur Geltung.

Tahini- bzw. Sesamsauce ist ein »Muss« bei einer klassischen Falafel.

Überrraschungsrollen

Sahneaufstrich mit Salatrollen

Frische Kräuter können eine große Bereicherung für verschiedene Gerichte sein. Zu diesen Überraschungsrollen passen Schnittlauch, Petersilie und Thymian besonders gut.

Freilandsalate sind im Geschmack nicht zu vergleichen mit Salatköpfen, die im Gewächshaus gezogen wurden. Auf Wochenmärkten und direkt beim Bauern findet man meist knackige und aromatische Exemplare.

Für 4 Portionen

8 große Kopfsalatblätter
1 Knoblauchzehe
1 Schalotte
1/2 Bund gemischte Kräuter
100 g geräucherter Speck
20 g Butter
50 g gehackte Walnüsse
100 g Schmand (saure Sahne)
1 TL Paprika- oder Tomatenmark
Salz
schwarzer Pfeffer

Zum Servieren:

4 Scheiben Körner- oder Zwiebelbrot

20 Minuten

1 Die Kopfsalatblätter von dicken Rippen befreien, waschen, trockenschwenken und auf einer Arbeitsfläche auslegen.

2 Knoblauchzehe und Schalotte abziehen und fein würfeln. Kräuter waschen, trockenschwenken und von den Stielen zupfen und fein hacken.

3 Den Speck fein würfeln und in einer Pfanne auslassen. Butter, Knoblauch- und Schalottenwürfel einrühren und andünsten lassen. Zuletzt die Nüsse untermengen und die Pfanne vom Herd ziehen.

4 Die Pfannenmischung auf die Salatblätter verteilen und diese aufrollen.

5 Den Schmand mit den Kräutern und dem Paprikamark verrühren. Die Sauce mit Salz und Pfeffer abschmecken.

6 Die Brotscheiben mit dem Sahneaufstrich dick bestreichen und je zwei Salatrollen darauf legen.

Pro Portion: 1225/293 kJ/kcal
12 g Eiweiß • 15 g Fett
23 g Kohlenhydrate • 6 g Ballaststoffe • 50 mg Cholesterin

Tipp der Köchin

Mit den gleichen Zutaten können Sie diesen Brotaufstrich auch auf andere Art zubereiten. Verrühren Sie hierzu alle Zutaten mit dem Schmand und bestreichen Sie damit die Brote. Der Kopfsalat wird dann, in Streifen geschnitten, darüber gestreut.

Würzig

Schinkenbutter mit Walnüssen

Für 4 Portionen
1/2 Bund glatte Petersilie
50 g Walnüsse, 100 g Schinken
100 g zimmerwarme Butter
1 TL scharfer Senf
Salz, schwarzer Pfeffer
Worcestersauce

Zubereitungszeit 15 Minuten
Kühlzeit 60 Minuten

1 Petersilie von den Stielen zupfen. Die Walnüsse fein hacken.

2 Den gekochten Schinken klein schneiden und zusammen mit der Butter in der Küchenmaschine pürieren. Mit Senf, Salz, Pfeffer und Worcestersauce würzen. Zuletzt die gehackten Walnüsse und die Petersilie einrühren.

3 Die Schinkenbutter in vier Portionstöpfchen verteilen und mit Walnusshälften garnieren. Mit einer Folie abdecken und 1 Stunde kalt stellen.

Pro Portion: 1187/284 kJ/kcal
7 g Eiweiß • 26 g Fett
2 g Kohlenhydrate • 1 g Ballaststoffe • 81 mg Cholesterin

Eingerollt und bedeckt – doch verstecken muss sich der Sahneaufstrich nun wahrlich nicht. Hier darf man genießen.

Wenn Sie's etwas schärfer mögen, können Sie die Schinkenbutter mit Cayennepfeffer und Tabasco würzen. Als Unterlage passt helles wie dunkles Brot.

Fischgericht für Gäste

Saiblingmus mit Petersilie

Für 4 Portionen
4 geräucherte Saiblingfilets
1/8 l Fischfond (Fertigprodukt)
50 ml trockener Weißwein
300 g Sahne
Salz, schwarzer Pfeffer
1 EL Zitronensaft
3 weiße Gelatineblätter
4 cl Portwein
1 EL frisch gehackte Petersilie

Zubereitungszeit 30 Minuten
Kühlzeit 4 Stunden

1 Saiblingfilets häuten und in kleine Stücke schneiden. Fischfond, Weißwein und 100 g Sahne in einem Topf aufkochen und etwa 10 Minuten leicht kochen lassen.

2 Saiblingfilets in einer Schüssel mit der Fischbrühe aufgießen.

3 Gelatine in kaltem Wasser einweichen. Saiblinge mit der Brühe fein pürieren und passieren. Mit Salz, Pfeffer und Zitronensaft würzen.

4 Portwein erwärmen und die ausgedrückte Gelatine darin auflösen. Sofort unter das Saiblingmus rühren.

5 Restliche Sahne steif schlagen und zusammen mit der Petersilie unter das Saiblingmus heben. Mit einer Folie abdecken und mindestens 2 Stunden kalt stellen.

6 Mit 2 feuchten Esslöffeln Nocken abstechen und auf Teller verteilen.

Pro Portion: 1581/377 kJ/kcal
25 g Eiweiß • 27 g Fett
5 g Kohlenhydrate • 0 g Ballaststoffe • 136 mg Cholesterin

Tipp der Köchin

Servieren Sie das Saiblingmus auf getoasteten Weißbrotdreiecken. Sie können übrigens statt des Saiblings auch andere geräucherte Fische verwenden.

schmeckt nach Süden

Tapenade aus der Provence

Für 6 Portionen
500 g schwarze, würzige Oliven
5 Knoblauchzehen
4 eingelegte Sardellenfilets
50 g eingelegte Kapern
5 EL Olivenöl
schwarzer, grob gemahlener Pfeffer

30 Minuten

1 Oliven entsteinen und vierteln. Knoblauchzehen grob zerschneiden.

2 Sardellenfilets in grobe Stücke schneiden. Die Zutaten sowie die Kapern in den Küchenmixer geben. Während des Pürierens das Olivenöl langsam zugießen.

3 Tapenade mit Pfeffer abschmecken und in sechs Sschälchen füllen.

Pro Portion: 1350/323 kJ/kcal
7 g Eiweiß • 28 g Fett
6 g Kohlenhydrate • 2 g Ballaststoffe • 3 mg Cholesterin

Aus Griechenland

Taramósaláta

Für 4 Portionen

4 Scheiben entrindetes Weißbrot
100 g roter Kaviar (möglichst beim Griechen kaufen)
6 EL Olivenöl, Saft von 1/2 Zitrone
weißer Pfeffer

Zubereitungszeit 15 Minuten
Kühlzeit 60 Minuten

1 Das Weißbrot auf einer Küchenreibe fein reiben. Zusammen mit Kaviar, Olivenöl und Zitronensaft locker verrühren.

2 Die Zutaten mit einem Pürierstab so stark zerkleinern, bis sie eine cremige Konsistenz aufweisen und keine Kaviarkugeln mehr vorhanden sind.

3 Die Kaviarcreme nur ganz leicht mit Pfeffer abschmecken. In eine Schüssel füllen, mit einer Folie abdecken und 1 Stunde im Kühlschrank ruhen lassen. Mit Fladenbrot oder Sesamkringeln servieren.

Pro Portion: 636/152 kJ/kcal
9 g Eiweiß • 5 g Fett
14 g Kohlenhydrate • 1 g Ballaststoffe • 76 mg Cholesterin

Die Tapenade zu Kastenweißbrot, Oliven- oder Thymianbrot reichen und mit einem französischen Rotwein genießen.

Diese Kaviarcreme ist fester Bestandteil der griechischen Vorspeisen. Bei der Wahl des Kaviars sollten Sie die rote Farbe beibehalten. Der rote Ketakaviar ist dazu sehr zu empfehlen.

säuerlich-pikant und cremig

Tatarenaufstrich mit Maiskölbchen

Die Mischung mit Sardellen, Dijonsenf und Essiggurke hebt den eigenwilligen würzigen und scharfen Geschmack der Kapern gut hervor. Der Tatarenaufstrich erhält dadurch eine besonders pikante Note.

Für 4 Portionen

2 eingelegte Sardellenfilets
1 kleine Zwiebel
1 Essiggurke
1 hart gekochtes Ei
50 g eingelegte Maiskölbchen
1/2 Bund Petersilie
2 EL eingelegte Kapern
2 frische Eigelbe
1 EL Dijonsenf
Salz
1 Prise Zucker
Saft von 1/2 Zitrone
100 ml Sonnenblumenöl

20 Minuten

Den würzigen Tatarenaufstrich mit frischem, geraspeltem Gemüse garnieren.

1 Sardellenfilets waschen, mit Küchenpapier trockentupfen und sehr fein hacken. Zwiebel abziehen und fein würfeln.

2 Die Essiggurke in kleinste Würfel schneiden. Das Ei schälen, einmal längs und einmal quer durch den Eierschneider drücken. Die Maiskölbchen quer in kleine Stücke schneiden.

3 Petersilie waschen, trockenschwenken und von den Stielen zupfen. Die Kapern nur grob zerschneiden.

4 Mit einem elektrischen Handrührgerät die Eigelbe mit Senf, Salz, Zucker und Zitronensaft cremig rühren.

5 Das Sonnenblumenöl langsam zugießen, bis eine homogene Creme entsteht.

6 Die vorbereiteten Zutaten locker untermengen. Das Ganze mit Salz und Pfeffer abschmecken.

Pro Portion: 1731/414 kJ/kcal
9 g Eiweiß • 36 g Fett
8 g Kohlenhydrate • 2 g Ballaststoffe • 220 mg Cholesterin

Tipp der Köchin

Eine knusprige Vollkornstange mit einer dicken Schicht Tatarenaufstrich und darauf hauchdünn geschnittenes Roastbeef und ein paar Salatstreifen, dazu ein Glas Rotwein, vielleicht einen Lemberger oder Trollinger – da braucht man doch nichts mehr dazu! Für Vegetarier gibt es eine Mischung aus geraspelten Zucchini und Karotten mit viel Sojabohnensprossen obendrauf.

Orientalisch raffiniert

Türkischer Schafskäse-aufstrich

Das »Gurkenkraut« Dill bereichert nicht nur Gurkensalate, sondern ist auch zum Würzen von Salatblättern, Joghurt, Quark und hellen Fischsaucen sehr beliebt.

Für 4 Portionen

einige frische Minzezweige
einige frische Dillzweige
1/2 Bund glatte Petersilie
1 frische, längliche Pfefferschote
4 Knoblauchzehen
2 EL Olivenöl
100 g türkischer Schafskäse
200 g Schafmilchjoghurt
Saft von 1/2 Zitrone

Zubereitungszeit 20 Minuten
Kühlzeit 60 Minuten

1 Kräuter waschen, trockenschwenken, von den Stielen zupfen und hacken.

2 Pfefferschote säubern, längs einschneiden, die Kerne entfernen und die Schote fein würfeln.

3 Knoblauchzehen abziehen und durch eine Presse in das Olivenöl drücken.

4 Den Schafskäse in grobe Stücke brechen und mit einer Gabel in einer Schüssel zusammen mit dem Joghurt zerdrücken.

5 Kräuter, Knoblauchöl, Pfefferschotenwürfel und Zitronensaft in den Joghurtkäse rühren.

6 Mit einer Folie abdecken und etwa 1 Stunde in den Kühlschrank stellen.

Pro Portion: 640/153 kJ/kcal
6 g Eiweiß • 12 g Fett
3 g Kohlenhydrate
0 g Ballaststoffe
21 mg Cholesterin

Die ätherischen Öle des Knoblauchs sind für sein Aroma verantwortlich. Gegarter Knoblauch verliert seine »riechende« Eigenschaft.

Tipp der Köchin

Nach Belieben gehackte schwarze und grüne Oliven unterrühren. Mit Salz und Pfeffer wird bei diesem Rezept gespart, denn die Kräuter und der Schafskäse sind selbst schon entsprechend würzig und salzig.

schmeckt nach mehr

Thunfischmayonnaise

Für 4 Portionen

200 g Thunfisch in Öl eingelegt
2 eingelegte Sardellenfilets
Saft von 1/2 Zitrone
3 EL trockener Weißwein
100 g Mayonnaise
50 g eingelegte Kapern
Salz
schwarzer Pfeffer

15 Minuten

1 Thunfisch mit einer Gabel zerpflücken. Die eingelegten Sardellenfilets mit kaltem Wasser abspülen, mit Küchenpapier trockentupfen und klein schneiden.

2 In einer Schüssel den Thunfisch sowie die Sardellen mit Zitronensaft, Weißwein und Mayonnaise mit einem Pürierstab cremig rühren.

3 Die Thunfischmayonnaise mit Salz und schwarzem Pfeffer abschmecken. Zuletzt die eingelegten Kapern unterheben.

Pro Portion: 1664/398 kJ/kcal
13 g Eiweiß • 32 g Fett
8 g Kohlenhydrate • 1 g Ballaststoffe • 44 mg Cholesterin

Knoblauch und Schafskäse sind feste Bestandteile der türkischen Küche. Der Schafskäseaufstrich schmeckt am besten, wenn er etwas durchziehen kann.

Die Thunfischmayonnaise eignet sich nicht nur als Brotaufstrich, vielmehr passt sie auch vorzüglich zu kaltem Braten.

Spezialität

Toskanische Leberfarce

Leber zählt bei uns zu den gefragtesten Innereien. Die Hühnerleber ist dabei eine besondere Delikatesse.

Für 4 Portionen

200 g Hühnerleber
50 g roher Schinken
1 kleine Zwiebel
einige frische Salbeiblättchen
2 EL Olivenöl
Salz
schwarzer Pfeffer
1 TL Zitronensaft
5 EL Hühnerbrühe oder trockener Weißwein

20 Minuten

1 Die Hühnerleber unter fließend kaltem Wasser waschen, mit Küchenpapier trockentupfen und klein hacken.

2 Den rohen Schinken klein würfeln. Die Zwiebel abziehen und fein würfeln. Die Salbeiblättchen waschen, trockenschwenken und in Streifen schneiden.

3 Olivenöl in einer Pfanne erhitzen und darin die Zwiebelwürfel glasig andünsten.

4 Die Schinkenwürfel und die Hühnerleber hinzufügen und mit Salz, Pfeffer und Zitronensaft würzen.

5 Den Pfanneninhalt insgesamt 10 Minuten bei kleiner Hitze kochen lassen und dabei mit der Hühnerbrühe beträufeln. Mit einem Holzspatel so zerdrücken, dass eine cremige Paste entsteht.

6 Kurz vor dem Servieren die Salbeistreifen beimischen.

Pro Portion: 757/181 kJ/kcal
13 g Eiweiß • 11 g Fett
2 g Kohlenhydrate • 1 g Ballaststoffe • 260 mg Cholesterin

Salbei ist in der Küche nicht nur wegen seines herzhaften Aromas sehr beliebt. Bereits vor vielen hundert Jahren erkannte man seine heilende Wirkung bei Entzündungen und Magenbeschwerden.

Tipp der Köchin

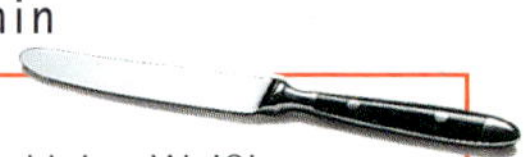

Toasten Sie acht kleine Weißbrotscheiben und verteilen Sie darauf die Leberfarce. Mit frisch geriebenem Parmesan bestreuen und etwas Olivenöl darüber träufeln. In den Backofen schieben und überbacken.

Ein berühmter Grieche

Tsatsiki

Für 4 Portionen
1/2 Salatgurke
4 Knoblauchzehen
2 EL Olivenöl, ersatzweise Sonnenblumenöl
500 g Vollmilchjoghurt (am besten Schafsjoghurt)
Salz
1 Spritzer weißer Essig
Dill (nach Belieben)
Garnitur:
schwarze Oliven

20 Minuten

1 Salatgurke schälen, der Länge nach halbieren und entkernen. Das Fruchtfleisch auf einer Küchenreibe fein raspeln.

2 Knoblauchzehen durch eine Presse in das Olivenöl drücken.

3 Joghurt mit Knoblauchöl und Gurkenraspel verrühren. Mit Salz, Essig und Dill abschmecken. In eine Schüssel füllen und mit schwarzen Oliven garnieren.

Pro Portion: 636/152 kJ/kcal
5 g Eiweiß • 11 g Fett
6 g Kohlenhydrate • 0 g Ballaststoffe • 15 mg Cholesterin

Frischer Salbei und Olivenöl geben der Leberfarce eine besonders schmackhafte Note.

Die Knoblauchmenge im Tsatsiki ist reine Geschmackssache. In der türkischen Küche gibt es einen Knoblauch-Gurken-Joghurt, mit Namen Cacik. Dieser ist zusätzlich mit gehacktem Dill verfeinert.

Der Spruch »An apple a day keeps the doctor away« drückt die vielseitige, gesundheitliche Bedeutung des Apfels aus. Der regelmäßige Verzehr hilft u. a. gegen einen erhöhten Cholesterinspiegel und fördert die Verdauung.

Der Brotklassiker

Waldorfbelag

Für 4 Portionen

200 g Knollensellerie
1 großer Apfel
Saft von 1/2 Zitrone
50 g Mayonnaise
50 g saure Sahne
2 EL gehackte Walnüsse
Salz
schwarzer Pfeffer
Worcestersauce

Garnitur:

1 EL gehackte Petersilie

20 Minuten

1 Knollensellerie schälen und in sehr feine Würfel schneiden.

2 Apfel schälen, vierteln, die Kerne entfernen und das Fruchtfleisch passend zum Sellerie schneiden. Beides mit Zitronensaft beträufeln.

3 Mayonnaise und saure Sahne verrühren und die Sellerie- und Apfelwürfel sowie die Walnüsse unterheben.

4 Den Belag mit Salz, Pfeffer und Worcestersauce würzen. In eine Servierschale füllen und mit Petersilie garnieren. Baguette dazu servieren.

Pro Portion: 518/124 kJ/kcal
2 g Eiweiß • 9 g Fett
7 g Kohlenhydrate • 2 g Ballaststoffe • 12 mg Cholesterin

Der Waldorfbelag schmeckt in seiner Kombination sehr erfrischend und ist für kleine Mahlzeiten untertags bestens geeignet. Er bietet sich auch als »Unterlage« für Roastbeef und kalte Bratenscheiben an.

Tipp der Köchin

Beim klassischen Waldorfsalat serviert man Vollkornbrot dazu, und alle Zutaten werden in Streifen geschnitten. Die Würfelform in diesem Rezept ist nach den Erfahrungen der Autorin viel praktischer bzw. mundgerechter. Sie erleichtert das Abbeißen vom Baguette enorm.

Aus der Provence

Ziegenkäseaufstrich

Für 4 Portionen

1 Bund glatte Petersilie
2 Knoblauchzehen
250 g Ziegenkäse (z. B. Bougon, Ziegenrolle, Ziegencamembert, Tomme de chèvre, Banon)
3–4 EL Olivenöl, Salz

15 Minuten

1 Petersilie waschen, trockenschwenken, von den Stielen zupfen und hacken. Knoblauchzehen abziehen und fein hacken.

2 Den Ziegenkäse zerkleinern, in einer Schüssel mit einer Gabel zerdrücken und mit dem Olivenöl cremig rühren.

3 Petersilie und Knoblauch unter die Ziegenkäsecreme rühren und mit etwas Salz abschmecken. Den Ziegenkäseaufstrich in eine Servierschale füllen und servieren. Dazu schmeckt französisches Baguette und ein trockener Rotwein, z. B. ein Côte du Rhône.

Pro Portion: 1087/260 kJ/kcal
11 g Eiweiß • 23 g Fett
1 g Kohlenhydrate • 0 g Ballaststoffe • 38 mg Cholesterin

Alle Zutaten des Waldorfbelags sind einige Zeit haltbar und im Kühlschrank zu lagern. Er ist, wenn nötig, auch schnell aus der Hand gezaubert.

Süsse Aufstriche

Für süße Schleckermäuler

Orangenquark

Ein paar Tropfen Orangenlikör im Quark schmecken besonders gut. Diese Art von Brotaufstrich ist zum Frühstück und zum Nachmittagskaffee oder -tee sehr beliebt.

Für 4 Portionen
150 g Sahnequark
1 EL Zucker
1 große Orange
Zum Servieren:
4 Vollkorntoastscheiben
20 g weiche Butter
2 EL Schokoladenstreusel

10 Minuten

1 Quark und Zucker verrühren. Die Orange so schälen, dass die weiße Haut ebenfalls entfernt wird. Mit einem scharfen Küchenmesser aus dem Fruchtfleisch der Orangen Filets ohne Haut schneiden.

2 Den Quark mit ein paar Tropfen Orangensaft verfeinern. Die Brotscheiben toasten und mit Butter bestreichen.

3 Den Orangenquark darauf verteilen und mit den vorbereiteten Orangenfilets belegen. Die Schokoladenstreusel darüber streuen.

Pro Portion: 1246/298 kJ/kcal
9 g Eiweiß • 16 g Fett
26 g Kohlenhydrate
2 g Ballaststoffe
46 mg Cholesterin

Herrlich fruchtig

Beerenstarker Aufstrich

Für 1 Schraubglas
100 g gemischte frische Beeren (Heidelbeeren, Erdbeeren, Himbeeren, Johannisbeeren)
100 g Akazienhonig

5 bis 10 Minuten

1 Beeren verlesen, waschen und mit Küchenpapier trockentupfen. Die Beeren zusammen mit dem Honig in den Küchenmixer geben und pürieren.

2 Den Aufstrich in ein steriles Schraubglas füllen, luftdicht verschließen und in den Kühlschrank stellen. Innerhalb von 10 Tagen aufbrauchen.

Pro Glas: 1459/349 kJ/kcal
1 g Eiweiß • 0 g Fett
85 g Kohlenhydrate • 6 g Ballaststoffe • 0 mg Cholesterin

Tipp der Köchin

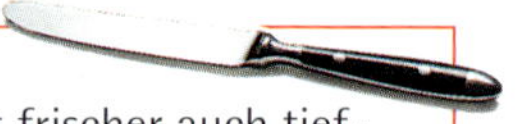

Sie können statt frischer auch tiefgekühlte Beeren verwenden, statt Akazienhonig ebensogut Lindenblütenhonig oder Rapshonig.

Nahezu unwiderstehlich

Nuss-Bananencreme

Für 4 Portionen

200 g Quark
50 g Sahne
100 g fein geriebene Schokolade
50 g fein gehackte Haselnüsse
1-2 EL Zucker nach Geschmack
100 g Nuss- oder Butterkekse
Garnitur:
1 Banane, in Scheiben geschnitten

15 Minuten

1 Den Quark mit der Sahne cremig rühren. Schokolade und Haselnüsse unterziehen.

2 Die Creme mit Zucker nach Geschmack süßen und in eine Servierschüssel füllen.

3 Jeder streicht sich so viel Quarkcreme auf seinen Keks wie er mag. Zusätzlich mit Bananenscheiben garnieren.

Pro Portion: 1953/467 kJ/kcal
12 g Eiweiß • 27 g Fett
43 g Kohlenhydrate • 3 g Ballaststoffe • 37 mg Cholesterin

Gesunder Schokoladenersatz

Schokoaufstrich

Für 1 Schraubglas

100 g weißes Mandelmus
100 g Akazienhonig
1-2 EL Sonnenblumenöl
1 EL Carobpulver

5 bis 10 Minuten

1 Die Zutaten der Reihe nach in den Küchenmixer geben. So lange verrühren, bis eine cremige Masse entstanden ist.

2 Die Schokocreme in ein Schraubglas füllen, luftdicht verschließen und in den Kühlschrank stellen. Innerhalb von 10 Tagen aufbrauchen.

Pro Schraubglas: 4984/1192 kJ/kcal
22 g Eiweiß • 78 g Fett
92 g Kohlenhydrate • 15 g Ballaststoffe • 0 mg Cholesterin

Tipp der Köchin

Johannisbrotkernmehl wird im Reformhaus unter dem Namen Carob verkauft. Es ist ein hellbraunes Pulver, das aus den Schoten des Johannisbrotbaumes gewonnen wird, der vornehmlich im Mittelmeerraum beheimatet ist. Carob enthält über 50 Prozent fruchteigenen Zucker und wird daher von gesundheitsbewussten Müttern bei den Kindern gerne als »Schokolade« verkauft.

Weißes Mandelmus ist in Reformhäusern und gut sortierten Supermärkten erhältlich. Der Aufstrich ist innerhalb kurzer Zeit zubereitet und ein leckerer Schokoladenersatz für Süßschnäbel.

Für Milchallergiker

Raffiniert

Avocadoaufstrich mit Korianderkrün

Für 4 Portionen

1/2 Bund frisches Koriandergrün (ersatzweise Petersilie)
1 kleine Zwiebel
1 Knoblauchzehe
2 reife Avocados
Saft von 1 Zitrone
1 EL mittelscharfer Senf
einige Tropfen Worcestersauce
Meersalz
grober schwarzer Pfeffer

15 Minuten

1 Koriandergrün waschen, trockenschwenken, von den Stielen zupfen und hacken.

2 Zwiebel und Knoblauchzehe abziehen und fein würfeln.

3 Avocados schälen, halbieren und das Fruchtfleisch klein schneiden. Zusammen mit dem Zitronensaft in einer Schüssel cremig zermusen.

4 Senf und Worcestersauce einrühren. Koriandergrün, Knoblauch- und Zwiebelwürfel unterheben.

5 Den Avocadoaufstrich mit Meersalz und Pfeffer würzen. In einer Servierschüssel hübsch anrichten und sofort servieren.

Pro Portion: 1058/253 kJ/kcal
3 g Eiweiß • 23 g Fett
7 g Kohlenhydrate • 3 g Ballaststoffe • 0 mg Cholesterin

Tipp der Köchin

Genießen Sie Tacochips, mexikanische Tortillas, frisches Weißbrot oder ein dunkles Körnerbrot dazu. Zum vollwertigen Abendessen servieren Sie dann einen gemischten Salat und einen Ökowein.

Avocados sind die fettreichste Obstsorte. Dafür enthalten sie jedoch verhältnismäßig große Mengen der fettlöslichen Vitamine A und E, die u. a. für gutes Sehen, schöne Haut und kräftige Haare verantwortlich sind.

Vollwertig und köstlich

Sauerkrautaufstrich mit Hirse

Für 4 große Portionen

1/2 l Gemüsebrühe
100 g Hirse
1 rote Paprikaschote
2 Frühlingszwiebeln
1/2 Bund Schnittlauch und Liebstöckel
100 g kaltes, küchenfertiges Sauerkraut
1–2 EL Olivenöl, Meersalz
grob gemahlener schwarzer Pfeffer

30 Minuten

1 Gemüsebrühe aufkochen und die Hirse einrühren. Unter öfterem Umrühren etwa 10 Minuten bei kleiner Hitze kochen lassen. Den Topf beiseite ziehen und die Hirse etwa 20 Minuten quellen lassen.

2 In der Zwischenzeit die Paprikaschote waschen, halbieren, entkernen und fein würfeln. Die Frühlingszwiebeln putzen und klein hacken.

3 Kräuter waschen, Schnittlauch in Röllchen schneiden und Liebstöckel von den Stielen zupfen. Das Sauerkraut klein schneiden.

4 Die Hirse in eine Schüssel umfüllen und die vorbereiteten Zutaten nacheinander unterrühren. Je nach Belieben mit Olivenöl geschmeidiger rühren.

5 Den Aufstrich mit Meersalz und Pfeffer würzen. In eine Servierschüssel füllen und sofort servieren.

Pro Portion: 744/178 kJ/kcal
5 g Eiweiß • 7 g Fett
22 g Kohlenhydrate • 4 g Ballaststoffe • 0 mg Cholesterin

Tipp der Köchin

Dieser Aufstrich wird noch würziger, wenn Sie 1 bis 2 Esslöffel Hefeflocken beimischen. Eine Abwandlung für Freunde von Milchprodukten: Den Sauerkrautaufstrich mit 3 Esslöffeln Sahne oder 2 Esslöffeln zimmerwarmer Butter verrühren.

Hirse kann auch wie Reis zubereitet und als Beilage gereicht werden. Die kleinen gelben Körnchen liefern viel Kieselsäure, die wirksam ist gegen brüchige Nägel und Haare.

Rezeptregister

Fisch

Fleisch und Wurst

Süss

Vegan

Vegetarisch

Die Autorin
Rose Marie Donhauser absolvierte drei gastronomische Ausbildungen, u. a. als Köchin im Hotel »Hilton International« in München. Nach weiteren kulinarischen Erfahrungen in internationalen Hotels wandte sie sich 1988 dem Schreiben von Kochbüchern zu. Mittlerweile hat sie rund 50 Titel zu unterschiedlichen Themen veröffentlicht. Ihre Rezepte zeugen von ihrer großen Kochpraxis und Kreativität.

Die Fotografin
Angela Endress lebt und arbeitet als freie Fotografin in der Nähe von Frankfurt am Main. Nach dem Studium an der Hochschule für Bildende Künste in Kassel war sie u. a. fünf Jahre im Fotostudio der Firma Rosenthal in Selb tätig. Nach elfjähriger Partnerschaft in einer Frankfurter Fotostudiogemeinschaft hat sie 1992 ihr eigenes künstlerisches Fotostudio gegründet. Angela Endress' fotografische Schwerpunkte liegen in der Food- und Porzellanfotografie.

Bildnachweis
Alle Foodmotive stammen von Angela Endress mit Ausnahme von: Titel Fond und Einklinker: Karl Newedel; Freisteller: Südwest Verlag

Anmerkung der Redaktion
Diesem Buch liegt die im Juli 1996 in Wien beschlossene und ab 1. August 1998 verbindliche Neuregelung der deutschen Rechtschreibung zu Grunde.

Impressum

Lektorat: Cornelia Zucker, Susanne Kirstein
Projektleitung: Michaela Röhrl
Bildredaktion: Bettina Huber
Fotografie: Angela Endress
Produktion: Manfred Metzger
Layout und Umschlaggestaltung: Manuela Hutschenreiter
DTP/Satz: Hubertus von Baer

Printed in Germany

Gedruckt auf chlor- und säurearmem Papier

ISBN 3-517-07727-5